Henri J. M. Nouwen

Im Haus des Lebens

V. Schulte · Wörmann

3 ,92

Henri J. M. Nouwen

Im Haus des Lebens

Von der Angst zur Liebe

Herder

Freiburg · Basel · Wien

Titel der amerikanischen Originalausgabe:
Lifesigns.
Intimacy, Fecundity and Ecstasy in Christian Perspective.
© Doubleday & Company, Inc., New York 1986

Deutsche Übersetzung von
Renate Hegemann

Dritte Auflage

Umschlagbild: Benedict Schmitz

Inhalt

Einführung
Vom Haus der Angst zum Haus der Liebe

Wir sind Menschen voller Angst. Je mehr Menschen ich kennenlerne und je mehr ich Menschen kennenlerne, um so mehr bin ich erschüttert von der negativen Macht der Angst. Oft scheint es, als habe Angst jeden Bereich unseres Daseins in einem solchen Maß befallen, daß wir nicht mehr wissen, wie ein Leben ohne Angst aussähe und erfahrbar wäre. Immer scheint es etwas Angsterregendes zu geben: etwas in uns oder um uns her, etwas, was ganz nah ist oder weit entfernt, etwas Sichtbares oder Unsichtbares, etwas in uns selbst, in anderen oder in Gott. Niemals scheint es einen von Angst ganz freien Augenblick zu geben. Ob wir denken, sprechen, handeln oder reagieren – Angst ist offenbar immer dabei wie eine allgegenwärtige Macht, die wir nicht abschütteln können. Oft hat Angst unser Innerstes so tief durchdrungen, daß sie – ob wir es merken oder nicht – die meisten unserer Wahlen und Entscheidungen überwacht.

Auf vielfältige, oft sehr spitzfindige Weise verfolgt und überwacht uns die Angst. Angst kann uns fassungslos und zornig machen. Sie kann uns in Niedergeschlagenheit oder Verzweiflung treiben, kann uns in Finsternis hüllen und in uns das Gefühl naher Vernichtung und nahen Todes nähren. Angst kann so unerträglich werden, daß wir bereit sind, was auch immer zu unternehmen, um von ihr befreit zu werden – sogar uns zu töten. Nicht selten erscheint die Angst als grausame Tyrannin, die von uns Besitz ergreift und uns zwingt, in ihrem Haus zu wohnen.

Ja, es ist so, die meisten von uns Menschen des 20. Jahrhunderts leben die meiste Zeit im Haus der Angst. Sie ist eine nicht zu übersehende Wohnstätte geworden, eine Grundlage, auf der wir unsere Entscheidungen treffen und unser Leben planen.

Warum aber sind wir so schrecklich verängstigt? Warum ist es so schwer, Menschen frei von Angst zu finden? Gäbe es wohl soviel Angst, wenn sie nicht für irgendjemanden von Nutzen wäre? Ich habe mir diese Frage immer gestellt, seit ich mir der Umklammerung der Angst bei mir selbst und bei anderen bewußt wurde. Nach und nach erkannte ich die einfache Tatsache, daß diejenigen, die ich fürchtete, große Macht über mich besaßen. Wer mich in Angst versetzen konnte, vermochte mich auch dahin zu bringen, das zu tun, was er von mir wollte. Menschen haben aus vielen Gründen Angst, wenngleich ich überzeugt bin, daß der enge Zusammenhang zwischen Macht und Angst besondere Aufmerksamkeit verdient. So viel Macht wird dadurch ausgeübt, daß man den Menschen Furcht einflößt und sie in Angst hält. Es gibt so viele angstvolle Kinder, angstvolle Studenten, angstvolle Patienten, angstvolle Arbeitnehmer, angstvolle Eltern, angstvolle Priester und angstvolle Gläubige. Fast immer steht hinter ihnen eine drohende Gestalt und hält sie unter Kontrolle: ein Vater, ein Lehrer, ein Arzt, ein Chef, ein Bischof, eine Kirche, ja auch Gott. Angst ist eine der wirksamsten Waffen in der Hand derer, die uns zu beherrschen suchen. Solange wir in Angst gehalten werden, können wir dahin gebracht werden, wie Sklaven zu handeln, zu sprechen, ja zu denken.

Die „Themenliste" unserer Welt, die Veröffentlichungen und Beiträge, die unsere Zeitungen und Radiosendungen füllen, sind eine Aufreihung von Angst und Macht. Es ist verblüffend, ja erschreckend zu sehen, wie leicht diese Liste die unsere wird. Die Dinge und Menschen, an die wir denken, um die wir uns sorgen, die uns beschäftigen, auf die wir uns einstellen und für die wir Zeit und Kraft verwenden, sind zum großen Teil durch eine Welt bestimmt, die uns dazu verführt, ihre furchtbaren Probleme uns zu eigen zu machen. Nehmen wir nur einmal die vielen „Wenn"-Fragen, die wir stellen: „Was soll ich tun, wenn ich keinen Mann, keine Frau, kein Haus, keinen Arbeitsplatz, keinen Freund, keinen Wohltäter finde? Was soll ich tun, wenn man mich entläßt, wenn ich krank werde, wenn ein Unglück geschieht, wenn ich meine Freunde verliere, wenn meine Ehe scheitert, wenn ein Krieg ausbricht? Was, wenn morgen schlechtes Wetter ist, die Verkehrsmittel streiken oder ein Erdbeben ausbricht? Was soll ich tun, wenn jemand mein Geld stiehlt, in meine Wohnung einbricht, wenn meine Tochter entführt wird oder mich einer umbringt?"

Betrachten wir auch die vielen „Wie"-Fragen: „Wie kann ich Kinder großziehen in einer Welt, die von totaler Vernichtung bedroht ist? Wie kann ich einem Konflikt, einem nächsten Krieg oder einem nuklearen Holocaust vorbeugen? Wie kann ich die Russen daran hindern, allzu nahe zu kommen? Wie kann ich es als Erwachsener allein schaffen? Wie kann ich bei meinen Nachbarn meinen guten Ruf erhalten? Wie kann ich in den Himmel kommen?"

Ein riesiges Netz ängstlicher Fragen umgarnt uns und beginnt viele, wenn nicht die meisten unserer täglichen Entscheidungen zu steuern. Freilich, diejenigen, die diese bangen Fragen aufwerfen und sie stehenlassen, haben wirklich Macht über uns. Denn in ihren Fragen verborgen lauert die Drohung, daß Ungehorsam gegenüber ihren Anordnungen unsere schlimmsten Befürchtungen wahrmachen wird. Eines Tages nehmen wir diese Fragen als unsere eigenen an und sind überzeugt, daß wir Antworten auf sie finden müssen; so werden wir mehr und mehr seßhaft im Haus der Angst. Wenn wir sehen, wie sehr unser pädagogisches, politisches, religiöses, ja unser gesellschaftliches Leben darauf abgestimmt ist, Antworten auf Fragen zu finden, die aus Angst geboren sind, dann ist leicht zu verstehen, warum eine Botschaft der Liebe wenig Aussicht hat, gehört zu werden.

Angstvolle Fragen führen niemals zu liebevollen Antworten; unter jeder bangen Frage verbergen sich viele andere Fragen. Es gab eine Zeit, da glaubte ich, wenn ich ein Kind haben wolle, müsse ich imstande sein, ihm beste Ausbildungsmöglichkeiten zu bieten. Ich verstrickte mich in viele neue besorgte Fragen im Hinblick auf meinen Beruf, meinen Wohnort, meine Freundschaften und so weiter. Eines Tages gelangte ich zu der Überzeugung, die Russen seien die schlimmste Bedrohung für unsere nationale Sicherheit; da tauchten viele neue bange Fragen bezüglich militärischer, wirtschaftlicher, diplomatischer Angelegenheiten auf. Dann glaubte ich, Gott sei darauf aus, mich wegen meiner miserablen Lebensweise dingfest zu machen – komplizierte moralische Entwürfe nahmen meine Gedanken allmählich in Beschlag. Auf einmal denke ich, ich könne ohne einflußreiche Freunde nicht glücklich sein, ich habe ein wirklich beängstigendes Leben innerhalb der Gesellschaft zu erwarten. Angst erzeugt auf diese Weise Angst. Niemals bringt Angst Liebe hervor.

Wenn dies nun einmal so ist, dann ist die Art der Fragen, die wir stellen, ebenso wichtig wie die Antworten auf unsere Fragen. Welche Fragen bestimmen unser Leben? Welche Fragen machen wir zu unseren eigenen? Welche Fragen verdienen unsere ungeteilte Aufmerksamkeit und unser ganzes persönliches Engagement? Das Finden der richtigen Fragen ist ebenso entscheidend wie das Finden der richtigen Antworten.

Ein aufmerksamer Blick in die Evangelien zeigt, daß Jesus selten auf die Fragen einging, die man ihm stellte. Er entlarvte sie als Fragen, die aus dem Haus der Angst stammen. „Wer ist der Größte im Himmelreich? Wie oft muß ich meinem Bruder vergeben, wenn er mir unrecht tut? Handelt ein Mann gegen das Gesetz, wenn er seine Frau unter irgend einem Vorwand entläßt? Welche Vollmacht hast du, so zu handeln? Wessen Frau von diesen sieben Männern, die sie heiratete, wird sie bei der Auferstehung sein, da sie mit ihnen allen verheiratet war? Bist du der König der Juden? Herr, wirst du das Reich Israel wieder herstellen?"

Auf keine dieser Fragen gab Jesus direkte Antwort. Er tat sie ruhig ab als Fragen, die falschen

Sorgen entspringen. Sie waren aus dem Interesse an Prestige, Einfluß, Macht und Herrschaft hervorgegangen und gehörten nicht wirklich zum Hause Gottes. Deshalb formte Jesus die Frage immer um durch seine Antwort. Er stellte die Frage neu – und machte sie erst dann seiner Antwort würdig.

Obwohl wir uns selbst für Menschen halten, die Jesus nachfolgen möchten, werden wir oft durch die angstvollen Fragen verführt, die die Welt an uns richtet. Ohne es ganz zu merken, werden wir ängstliche, nervöse, sorgengeplagte Menschen, verstrickt in die Fragen ums Überleben: unser eigenes Überleben, das unserer Familien, Freunde und Kollegen, das Fortbestehen unserer Kirche, unseres Landes und unserer Welt. Eines Tages werden diese ängstlichen Überlebensfragen zu den bestimmenden Fragen unseres Lebens. Wir sind geneigt, Worte, die aus dem Haus der Liebe gesprochen werden, als wirklichkeitsfremd, romantisch, sentimental, fromm oder einfach unnütz abzutun. Wenn Liebe als Alternative zu Angst gezeigt wird, sagen wir: „Ja, das hört sich zwar wunderschön an, aber ..." Das „Aber" enthüllt, wie sehr wir im Zugriff der Welt leben, einer Welt, die Christen naiv nennt und „realistische" Fragen stellt: „Ja, aber was ist, wenn du alt wirst und niemand da ist, der dir hilft? Ja, aber was ist, wenn du deinen Arbeitsplatz verlierst und kein Geld hast, um für dich und deine Familie zu sorgen. Ja, aber was ist, wenn Millionen von Flüchtlingen in dieses Land kommen und die Bedingungen verändern, unter denen wir so lange gelebt haben? Ja, aber was ist, wenn die Kubaner und Russen ihren Einfluß in Mittelamerika geltend machen und anfangen, ihre Raketen direkt vor unserer Haustür aufzustellen?

Wenn wir diese „realistischen" Fragen aufwerfen, hängen wir im Schlepptau einer zynischen Gesinnung, welche sagt: „Worte über Frieden, Vergebung, Versöhnung und neues Leben sind ausgezeichnet, aber wir dürfen die wirklichen Aufgaben nicht übersehen. Sie fordern, daß wir anderen nicht erlauben, mit uns Mutwillen zu treiben, daß wir Vergeltung üben, wenn wir beleidigt werden, daß wir immer für den Krieg gerüstet sind und uns niemals von jemandem das gute Leben entreißen lassen, das wir so sorgsam für uns aufgebaut haben." Aber sobald diese sogenannten „wirklichen Aufgaben" unser Leben zu beherrschen anfangen, sind wir wieder zurückgeworfen ins Haus der Angst, selbst wenn wir uns immer wieder Worte der Liebe ausleihen und weiterhin verschwommene Sehnsucht danach empfinden, in dem Haus zu leben, aus dem diese Worte stammen.

Dieses Buch gründet auf der Überzeugung, daß Liebe stärker ist als Angst, obwohl das Gegenteil wahr zu sein scheint. „Vollkommene Liebe vertreibt alle Angst", sagt der heilige Johannes in seinem ersten Brief. Mit diesem Buch möchte ich nach Zeichen dieser vollkommenen Liebe suchen und nach Wegen Ausschau halten, um jenen Zeichen zu folgen. Ich hoffe die Möglichkeit eines geistlichen Aufbruchs zu zeigen: *den Aufbruch aus dem Haus der Angst in das Haus der Liebe.*

Aber ist es möglich, inmitten dieser angsterregenden Welt im Haus der Liebe zu wohnen und dort den

Fragen zu lauschen, die der Herr der Liebe stellt? Oder sind wir so an ein Leben in Angst gewöhnt, daß wir taub für die Stimme geworden sind, die sagt: „Fürchtet euch nicht"? Diese beruhigende Stimme, die ein über das andere Mal wiederholt: „Fürchtet euch nicht, habt keine Angst", ist die Stimme, die zu hören am meisten nottut. Diese Stimme wurde von Zacharias vernommen, als Gabriel, der Engel des Herrn, ihm im Tempel erschien und ihm sagte, daß seine Frau Elisabeth einen Sohn gebären werde; diese Stimme wurde von Maria vernommen, als derselbe Engel in ihr Haus in Nazaret eintrat und ankündigte, daß sie empfangen, ein Kind gebären und es Jesus nennen werde; diese Stimme wurde auch von den beiden Männern vernommen, die zum Grab kamen und sahen, daß der Stein weggewälzt war. „Fürchtet euch nicht, fürchtet euch nicht, fürchtet euch nicht." Die Stimme, die diese Worte sprach, klingt durch die ganze Geschichte als die Stimme der Boten Gottes, seien sie Engel oder Heilige. Es ist die Stimme, die eine ganz neue Weise des Daseins verkündet, ein Dasein im Haus der Liebe, dem Haus Gottes.

Warum gibt es nicht länger einen Grund zur Angst? Jesus selbst beantwortete diese Frage bündig, als er sich den erschreckten Jüngern auf dem See wandelnd näherte: „Fürchtet euch nicht. Ich bin es" (Joh 6, 21). Das Haus der Liebe ist das Haus Christi, der Ort, an dem wir in der Weise Gottes denken, sprechen und handeln können – nicht in der Weise einer angsterfüllten Welt. Aus diesem Hause ruft die Stimme der Liebe immer wieder: „Fürchtet euch nicht ... kommt und folgt mir ... seht, wo ich wohne ... zieht hinaus und verkündet die frohe Botschaft ...

das Reich Gottes ist ganz nahe ... in meines Vaters Haus sind viele Wohnungen ... Kommt, nehmt als Erbe das Reich in Besitz, das euch bereitet ist seit Erschaffung der Welt."

Das Haus der Liebe ist nicht einfach eine Stätte im zukünftigen Leben, ein Ort im Himmel jenseits dieser Welt. Jesus zeigt uns dieses Haus gerade inmitten unserer angstvollen Welt.

Was sind dann die Zeichen, an denen wir das Haus der Liebe erkennen? Welches sind die Wege, auf denen wir unsere Ängste allmählich überwinden und Liebe unsere Führerin sein lassen? Auf diese Fragen möchte ich mit drei Begriffen im folgenden Antwort geben: *Intimität, Fruchtbarkeit, Ekstase.* Diese drei Schlüsselworte wurden mir erstmals von Jean Vanier nahegebracht, dem Gründer der „Arche", eines weltweiten Netzes von Gemeinschaften für geistig behinderte Menschen.

Ich war Jean Vanier noch nie begegnet, stand aber durch gemeinsame Freunde mit ihm in Verbindung. Eines Tages rief Jean mich an und sagte: „Ich veranstalte mit einigen Mitarbeitern der ‚Arche' kurze Pfingst-Exerzitien. Möchten Sie daran teilnehmen?", und verständnisvoll lächelnd fügte er hinzu: „Sie brauchen kein einziges Wort zu reden!" Ich flog nach Chicago und nahm an den Einkehrtagen teil.

Obwohl es unsere erste Begegnung war, sprachen Jean und ich kaum miteinander. Inmitten des Schweigens vermittelte er mir jedoch die drei Worte, von denen dieses Buch handelt. Er sprach von ihnen eher beiläufig, als daß er eine großartige Erklärung gegeben hätte. Jean sagte: „Durch die Arbeit mit geistig Behinderten habe ich erkannt, daß alle menschlichen Wesen, wie auch immer ihre Lebensumstände sein mögen, zu Intimität, Fruchtbarkeit und Ekstase berufen sind." Zunächst schienen diese Begriffe kaum mehr zu sein als wohlklingende Worte, die man leicht im Gedächtnis behalten konnte. Aber viel später, als ich wieder die Abschiedsreden Jesu an seine Jünger las, ging mir schlagartig auf, daß Jesus selbst das Leben im Haus der Liebe als ein Leben der Intimität, der Fruchtbarkeit und der Ekstase beschreibt.

Als Jesus von sich selbst als dem Weinstock und von seinen Jüngern als den Reben spricht, sagt er: „Bleibt in mir, dann bleibe ich in euch" (Joh 15,4). Das ist eine Einladung zur *Intimität*. Dann fügt er hinzu: „Wer in mir bleibt und in wem ich bleibe, der bringt reiche Frucht" (Joh 15,5). Das ist eine Aufforderung zur *Fruchtbarkeit*. Schließlich, als er sagt: „Dies habe ich euch gesagt, damit meine Freude in euch ist und damit eure Freude vollkommen wird" (Joh 15,11), verheißt er *Ekstase*. Je mehr ich mich in das Johannesevangelium vertiefte und es betrachtete, um so klarer ging mir die Bedeutung dieser drei Themen auf. Durch Jean Vanier einmal darauf aufmerksam gemacht, erkannte ich sie als goldene Fäden, mit denen das ganze Johannesevangelium durchwirkt ist.

Seit jenem ersten kurzen Gespräch mit Jean Vanier ist viel geschehen. Eine echte Freundschaft entwickelte sich, und die „Arche" ist ein immer wichtigerer Bestandteil meines Lebens geworden. Nach ein paar Besuchen bei der Gemeinschaft der „Arche" in Trosly-Breuil in Frankreich, wo Jean lebt, wurde ich eingeladen, für ein Jahr dort zu leben. Dieser Aufenthalt von August 1985 bis Juli 1986 hat mir die Zeit geschenkt, dieses Buch zu schreiben. Darum ist die „Arche" die entscheidende Inspiration für dieses Buch und die eigentliche Quelle für meine Darlegungen, Beispiele und Erläuterungen.

Es ist mein Wunsch, daß die folgenden Seiten über Intimität, Fruchtbarkeit und Ekstase deutlicher machen können, wie das Leben im Haus der Liebe aussieht, und das Verlangen wecken, darin zu wohnen.

I. Intimität

Einführung

Wenn Jesus sagt: „Bleibt in mir, dann bleibe ich in euch", so bietet er uns eine vertraute Stätte an, die wir wirklich „Zuhause" nennen können. Zuhause – das ist der bestimmte Ort oder der weitere Raum, wo wir keine Anst zu haben brauchen, sondern von unserer Verteidigungshaltung ablassen und frei sein können: frei von Sorgen, frei von Spannungen, frei von Zwängen. Zuhause sind wir da, wo wir lachen und weinen, umarmen und tanzen, lange schlafen und ruhig träumen, essen, lesen, spielen, ins Kaminfeuer schauen, Musik hören und mit einem Freund zusammensein können. Zuhause ist da, wo wir ausruhen und genesen können. Das Wort „Zuhause" schließt ein breites Spektrum von Gefühlen und Gemütsbewegungen in einem einzigen Bild zusammen, in dem Bild eines Hauses, in dem zu wohnen gut ist: im Haus der Liebe.

Aber Millionen von Menschen in dieser Welt sind ohne Zuhause. Manche sind unbehaust wegen ihrer inneren Pein, während andere heimatlos sind, weil sie aus ihrer Stadt und ihrem Land vertrieben wurden. In Gefängnissen, Nervenheilanstalten, Flüchtlingslagern, in kümmerlichen Großstadtwohnungen, in Pflegeheimen und Obdachlosenquartieren erhalten wir eine Ahnung davon, was es heißt, in unserer Zeit ohne ein Zuhause zu sein.

Indes, dieses Kein-Zuhause-Haben wird auch auf vielfältige, weniger dramatische Weise sichtbar. Als Universitätslehrer begegnete ich Studenten aus den verschiedensten Staaten und Ländern und war erschüttert zu sehen, wie einsam sie waren. Viele Jahre lang wohnten sie in winzigen Zimmern, unter Fremden, weit weg von ihren Familien und Freunden. Es gab wenig privaten Spielraum und fast noch weniger Gemeinschaft in ihrem Leben. Meistens hatten sie keinen Kontakt zu Kindern oder älteren Menschen. Selten lebten sie in einer Nachbarschaft, die sie freundlich willkommen hieß, oder in einer Glaubensgemeinschaft, die sie stützte, und nur sehr wenige kannten Familien, zu denen sie unerwartet kommen und bei denen sie sich zu Hause fühlen konnten. Ich hatte Gelegenheit, diese Situation zu beobachten, in der Tausende junger Erwachsener sozusagen „normal" leben, beim näheren Hinsehen aber bald deutlich wurde, warum so viele sich entwurzelt, ja verloren fühlen mußten.

Wahrscheinlich läßt sich die Krankheit unserer Zeit nicht treffender zum Ausdruck bringen als durch das Wort „ohne ein Zuhause" oder „heimatlos". Es enthüllt einen unserer wesentlichsten und schmerzlichsten Lebensumstände, den Umstand nämlich, daß wir nirgendwo das Gefühl haben dazuzugehören, daß wir keinen Ort besitzen, an dem wir uns sicher, umsorgt, beschützt und geliebt fühlen können.

Das erste und offenkundigste Merkmal eines Zuhause ist seine Intimität. Wenn wir sagen: „Hier fühle ich mich nicht zu Hause", so drücken wir damit ein

Unbehagen aus, das keine Intimität zuläßt. Wenn wir sagen: „Ich wollt', ich wär' zu Hause", dann meinen wir damit die Sehnsucht nach jenem vertrauten Ort, der uns das Gefühl gibt, dorthin zu gehören. Obwohl viele Menschen vieles durch Konflikte zu Hause zu erleiden haben, obwohl die Wurzeln vieler emotionaler Störungen in den Verhältnissen zu Hause stecken und obwohl sogar „ein gestörtes Zuhause" in zunehmendem Maße schuld ist an Verbrechen und Krankheiten drückt, das Wort „zu Hause" doch eine liebevolle Herzlichkeit aus und bleibt es eines der eindringlichsten Symbole des Glücks. Der christliche Glaube fordert uns ausdrücklich auf, das Leben als ein „nach Hause gehen" und den Tod als „schließlich zu Hause ankommen" zu begreifen. Rembrandts Gemälde „Der verlorene Sohn" ist ein bewegender Ausdruck dieses Glaubens. Die liebende Umarmung, mit der der blinde alte Vater seinen erschöpften Sohn umfängt, bestätigt unser tiefstes Verlangen nach einem dauernden, intimen Zuhause.

Um die Bedeutung der Intimität als des ersten Kennzeichens für das Leben im Haus der Liebe gründlicher zu untersuchen, will ich zunächst zeigen, wie Angst verhindert, daß sich Intimität entwickelt. Danach möchte ich einen genaueren Blick auf die Beziehung zwischen Intimität und Liebe werfen, und schließlich ist über Solidarität als die andere Seite der Intimität zu sprechen.

Intimität und Angst

Angst ist die große Feindin der Intimität. Angst läßt uns voreinander fliehen oder aneinander anklammern, doch sie schafft keine wirkliche Intimität. Als Jesus im Garten Gethsemane gefangengenommen wurde, ergriff die Jünger Furcht, und alle „verließen ihn und flohen" (Matth 26,56). Und nachdem Jesus gekreuzigt worden war, drängten sie sich in einem verschlossenen Raum zusammen „aus Furcht vor den Juden" (Joh 20,19). Angst läßt uns auf „sichere" Distanz voneinander abrücken oder in „sichere" Tuchfühlung zusammenrücken, aber Angst schafft nicht den Raum, in dem echte Intimität gedeihen kann. Angst schafft kein Zuhause. Sie zwingt uns, entweder ganz allein oder unter schützendem Obdach zu leben, aber sie erlaubt uns nicht, ein intimes Zuhause zu errichten. Angst nötigt uns entweder zu allzu großem Abstand oder zu allzu enger Nähe. Beides verhindert, daß Intimität entstehen kann.

Meine eigene Erfahrung mit Menschen bietet, fürchte ich, genug Beispiele. Oft gehe ich ihnen aus dem Wege: ich verlasse das Haus, verziehe mich in einen Winkel, wo ich unbemerkt bleiben kann, oder ergehe mich in platten, nichtssagenden Redensarten. Manchmal stelle ich eine unechte Nähe zu ihnen her. Ich rede zu lang mit ihnen, lache zu laut über ihre Scherze oder stimme ihren Ansichten allzu schnell zu. Entweder schaffe ich zuviel Distanz oder zuviel Nähe, immer spüre ich einen Mangel an innerer Freiheit und empfinde Groll gegen die Macht, die sie über mich haben.

Ängstliche Distanz und ängstliches Zusammenrücken sind im größeren Zusammenhang unseres Lebens noch neutlicher wahrnehmbar. Es gibt viel sicheres Abstandhalten in unserer Welt. Gefängnisse, Nervenheilanstalten, Flüchtlingslager werden oft weit weg von den Gebieten errichtet, wo „normale" Menschen wohnen. Die furchterweckenden Fremdlinge müssen auf sichere Distanz gehalten werden. Noch anderen Formen sicheren Abstandhaltens begegnen wir: unverfängliche Diskussionsthemen, harmlose Angelegenheiten, in die man verwikkelt werden könnte, biedere Themen, über die man schreibt, ungefährliche Leute, die man einlädt und so weiter.

Andrerseits ist das sicherheitsbedürftige Zusammenrücken der Clique, der Sekte oder des Vereins zu beobachten, Stätten, wo Leute in gegenseitiger Lobhudelei oder gemeinsamer Beargwöhnung von Außenstehenden zusammenhocken. In Zeiten wie der unseren, da die Angst apokalyptische Ausmaße annimmt, ist es überaus verlockend, sich einer kleinen Gruppe anzuschließen, die alle nicht Zugehörigen als nutzlos, gefährlich oder böse bezeichnet und ein einzigartiges Gefühl der Zusammengehörigkeit mit denen vermittelt, die die Spielregeln beachten.

Doch ob Abstand oder Nähe – die Angst hindert uns daran, eine vertrauensvolle Gemeinschaft zu bilden, in der wir zusammenwachsen können, jeder Mensch in seiner Wesensart. Wenn Angst uns voneinander trennt oder allzu dicht zusammenrücken läßt, können wir einander nicht mehr unsere Sünden, unsere Gebrechen und unsere Wunden eingestehen.

Wie sollten wir dabei einander vergeben können und wie zur Versöhnung finden? Distanz erlaubt uns, den anderen zu ignorieren, ihn als einen anzusehen, der keinerlei Bedeutung in unserem Leben hat. Und Nähe bietet uns eine Entschuldigung dafür, daß wir niemals unsere Gefühle des Verletztseins aussprechen oder zugeben.

Jean Vanier, der seit mehr als zwanzig Jahre mit geistig und körperlich Behinderten zusammenlebt, wurde ein scharfer Beobachter dieser Dynamik der Angst. Er sah, daß diese schwer behinderten Menschen wie Fremde wirken, die in einer anderen Welt leben, wie Gefangene, die hinter den Schranken ihrer Verkrüppelung festgehalten werden, wie Kranke, die sich nicht selbst helfen, wie arme, hilflose Bettler, die keinen Beitrag für die Gesellschaft leisten können. Er beobachtete, wie sie in den Herzen der „ordentlichen", der „normalen" Leute, der Freien, der Gesunden, der Begüterten und der Erfolgreichen Angst auslösen. Er sah, wie sie uns an eine andere Wirklichkeit gemahnen, der es um jeden Preis auszuweichen gilt.

Jean Vanier erkannte: solange diese behinderten Männer und Frauen „die anderen" bleiben, werden sie Opfer kalter Institutionen oder erstickender Überbehütung. Er bemerkte, wie sie als Fremde zurückgewiesen oder als persönlicher Besitz umklammert werden. Er begriff, daß es für sie irgendwie kein wirkliches Zuhause geben kann. Ihr Anderssein nimmt ihnen den Spielraum, in dem sie entsprechend ihrem eigenen Schrittempo, ihres eigenen Rhythmus und ihrer eigenen, oft verborgenen Begabungen aufwachsen können.

1964 beschloß Jean Vanier, zwei Behinderten, Raphael und Philippe, ein Zuhause zu geben. Es war ein Entschluß, der lange Zeit brauchte, um zu reifen. Nach zehn Jahren bei der Britischen und Canadischen Marine hatte er am Katholischen Institut in Paris Philosophie studiert und war Professor am St. Michaels-Kolleg in Toronto geworden. Aber bis dahin war er sich über seine wirkliche Berufung im unklaren. Eines Sommertages ging er nach Trosly-Breuil, einem kleinen Dorf eine Wegstunde nördlich von Paris gelegen. Unter der Anleitung seines geistlichen Lehrers Pater Thomas Philippe, der als Kaplan einer kleinen Einrichtung für behinderte Männer dort wohnte, entschied er sich, sein Lehramt aufzugeben und Raphael und Philippe, die jahrelang in einem entsprechenden Heim gelebt hatten und keine Familie oder Freunde besaßen, einzuladen, eine kleine Wohngemeinschaft mit ihm zu gründen. Es war eine unwiderrufliche Entscheidung. Er wußte, daß er diese beiden Männer nie wieder dorthin zurückschicken konnte, woher sie gekommen waren.

Jean Vanier nannte seine erste Wohngemeinschaft „Arche" und gab damit seinem Wunsch Ausdruck, sein Haus möge wie die Arche Noah sein, eine Zufluchtsstätte für Menschen voller Angst. Jean dachte nicht daran, eine Bewegung oder eine große Organisation zu gründen. Ihm ging es vielmehr darum: Sorge zu tragen für zwei Menschen, die ohne ständige Hilfe nicht zurechtkommen konnten. Bald kamen jedoch viele Menschen aus verschiedenen Ländern, um ihm Hilfe anzubieten und neue Wohngemeinschaften zu gründen. Heute gibt es viele solche Häuser überall in der Welt – in Canada, in den Vereinigten Staaten, auf Haiti, in Honduras, in England, Irland, Belgien, Frankreich, Spanien, Deutschland und Italien, an der Elfenbeinküste und in Indien. Diese Heime wurden gegründet, um Menschen, deren Behinderung sich von den unseren unterscheidet, einen Ort der Geborgenheit zu bieten.

Wenn Jean Vanier über diesen Ort der Geborgenheit spricht, streckt er oft seinen Arm aus und wölbt seine Hand, als hielte sie einen kleinen verwundeten Vogel. Er fragt: „Was geschieht, wenn ich meine Hand ganz öffne?" Wir antworten: „Der Vogel wird mit den Flügeln zu flattern versuchen und wird zu Boden fallen und sterben." Und er fragt weiter: „Aber was geschieht, wenn ich meine Hand fest schließe?" „Der Vogel wird erdrückt und stirbt", erwidern wir. Dann lächelt er und sagt: „Ein Ort der Geborgenheit ist wie meine gewölbte Hand, weder ganz geöffnet noch ganz geschlossen. Es ist der Ort, an dem Gedeihen möglich ist."

Es ist schwer, solch einen Platz zu gewähren, eben weil wir furchtsam sind und es riskant finden, den Fremden bei uns einzulassen, der uns ja unsere eigenen Ängste enthüllt! Wenn wir jedoch bereit sind, uns selbst und dem anderen einzugestehen, daß auch wir gebrochen sind, daß auch wir eine Behinderung haben und daß auch wir einen Ort zum Gedeihen brauchen, dann können wir gemeinsam ein Zuhause aufbauen und einander einen Ort der Geborgenheit gewähren.

Intimität und Liebe

Wenn Angst die große Feindin der Intimität ist, ist Liebe ihre wahre Freundin. Dennoch werden die Worte Liebe und Intimität in unserer stark psychologisierten Umwelt so willkürlich gebraucht, daß es besonderer Sorgfalt bedarf, ihre geistliche Bedeutung wiederaufzuhellen. Wir könnten versucht sein, intime Liebe auf dieselbe Ebene zu stellen wie Angst, und annehmen, daß sie in der Mitte zwischen „zu fern" und „zu nah" angesiedelt ist. Intime Liebe würde dann die von Angst erfüllten Extreme von kalter Distanz und erstickender Nähe umgehen und eine geglückte Mitte darstellen.

Viele gegenwärtige Überlegungen über zwischenmenschliche Beziehungen verraten diese Denkweise. Sie scheinen zu besagen: „Wir brauchen einander, aber wir sollten nicht unsere Unabhängigkeit verlieren; wir haben ein Bedürfnis nach Nähe, sollten aber nicht unsere Individualität aufgeben: wir haben ein Bedürfnis nach gegenseitiger Hilfe, brauchen aber ebenso ausreichend Freiraum für uns selbst. Obwohl das richtig ist, darf man vermuten, daß gute zwischenmenschliche Beziehungen das Ergebnis von Verhandlungen zwischen Partnern sind, in denen sie eines jeden Rechte und Pflichten definieren. So ist dieser Ort vertrauter Liebe beständig von Angst bedroht, mag sie von der einen oder der anderen Seite kommen.

Doch Intimität läßt sich nicht auf der Ebene finden, auf der die Angst wohnt. Intimität ist kein geglücktes Mittelding. Sie ist eine Seinsweise, in der die Spannung zwischen Abstand und Nähe aufgelöst ist und sich ein neuer Horizont öffnet. Intimität steht jenseits der Angst. Wer die Vertrautheit erfahren hat, zu der Jesus uns einlädt, weiß, daß er sich nicht mehr um das Zu-nahe-Kommen oder Zu-fern-Bleiben zu kümmern braucht. Wenn Jesus sagt: „Fürchtet euch nicht; ich bin es", offenbart er einen neuen Raum, in dem wir uns frei und ohne Angst bewegen können. Dieser intime Raum ist nicht ein schmaler Grenzbereich zwischen Abstand und Nähe, sondern ein weites Bewegungsfeld, auf dem die Frage, ob wir in der Nähe oder auf Distanz sind, nicht mehr die entscheidende Frage ist.

Wenn der heilige Johannes sagt, Angst werde durch vollkommene Liebe vertrieben, so weist er auf eine Liebe hin, die ganz und gar göttlichen Ursprungs ist. Er spricht nicht von menschlicher Zuneigung, psychologischer Übereinstimmung, gegenseitiger Anziehung oder tiefen zwischenmenschlichen Empfindungen. Das alles hat seinen Wert und seine Schönheit, aber die vollkommene Liebe, von der Johannes spricht, umfaßt und übersteigt alle Gefühle, Emotionen und Leidenschaften. Die vollkommene Liebe, die alle Furcht vertreibt, ist die göttliche Liebe, an der teilzuhaben wir eingeladen sind. Das Zuhause, die Stätte der Geborgenheit, der Ort wirklicher Zusammengehörigkeit ist daher kein von Menschenhand geschaffener Raum. Er ist von Gott für uns bereitet, der gekommen ist, um sein Zelt unter uns aufzuschlagen, uns zu sich einzuladen und einen Raum für uns in seinem Haus einzurichten.

Worte für „Zuhause" werden im Alten und im Neuen Testament häufig gebraucht. Die Psalmen sprechen immer wieder von dem Verlangen, im Hause Gottes zu wohnen, unter Gottes Flügeln Zuflucht zu nehmen und Schutz in Gottes heiligem Tempel zu finden. Sie preisen Gottes heilige Stätte, Gottes wunderbares Zelt, Gottes feste Zuflucht. Wir könnten sogar sagen, daß „im Hause Gottes wohnen" alle Sehnsüchte dieser erleuchteten Gebete zusammenfaßt. So ist es sehr bezeichnend, daß Johannes Jesus als das Wort Gottes darstellt, der sein Zelt unter uns aufgeschlagen hat (vgl. Joh 1,14). Er berichtet uns nicht nur, daß Jesus ihn und seinen Bruder Andreas eingeladen hat, in seinem Haus zu verweilen (vgl. Joh 1,38–39), sondern er zeigt auch, wie Jesus nach und nach offenbar macht, daß er selbst der neue Tempel ist (Joh 2,19) und die neue Zufluchtsstätte (Matth 11,28).

Das kommt am deutlichsten in den Abschiedsreden zum Ausdruck, wo Jesus sich selbst als die neue Wohnstatt offenbart: „Bleibt in mir, dann bleibe ich in euch" (Joh 15,4).

Jesus, in dem die Fülle Gottes wohnt, ist unser Zuhause. Indem er in uns Wohnung nimmt, erlaubt er uns, in ihm Wohnung zu nehmen. Indem er den innersten Bereich unseres Selbst betrifft, schenkt er uns die Möglichkeit, in seine eigene enge Beziehung und Vertrautheit mit Gott einzutreten. Indem er uns als *seine* bevorzugte Wohnung erwählt, lädt er uns ein, ihn als *unsere* eigentliche Wohnstatt zu wählen. Das ist das Geheimnis der Inkarnation, das sich eindrucksvoll bei der Eucharistiefeier zeigt, wenn der Priester etwas Wasser in den Wein gießt mit den

Worten „Wie dieses Wasser sich mit Wein vermischt, laß uns teilhaben an der Gottheit dessen, der sich herabgelassen hat, unsere Menschennatur anzunehmen."

Gottes unermeßliche Liebe zu uns spricht sich in diesem heiligen Tausch aus. So sehr war es Gottes Wunsch, unser tiefstes Verlangen nach einer Heimat zu erfüllen, daß Gott beschloß, in uns Wohnung zu nehmen. So können wir ganz Mensch bleiben und dennoch unsere Wohnung in Gott haben. In dieser neuen Wohnung gibt es keinen Unterschied mehr zwischen Abstand und Nähe. Der unendlich ferne Gott kam ganz nahe, indem er unsere sterbliche Menschennatur annahm. So überwindet Gott alle Unterscheidungen zwischen „fern" und „nah" und gewährt uns eine intime Zusammengehörigkeit, in der wir dann am meisten wir selbst sein können, wenn wir Gott am ähnlichsten sind.

Allen, die von inneren oder äußeren Ängsten gequält werden und die verzweifelt Ausschau halten nach dem Haus der Liebe, in dem sie die innige Vertrautheit finden können, die ihr Herz ersehnt, sagt Jesus zu: „Ihr habt ein Zuhause – Ich bin eure Heimat – nehmt mich als eure Wohnstatt in Besitz – ihr werdet sehen, daß dies der intime Raum ist, in dem ich mein Zuhause gefunden habe – hier sollt ihr sein – in euerm Innersten – in euerm Herzen."

Je aufmerksamer wir auf diese Worte hören, um so klarer erkennen wir, daß wir nicht weit zu gehen brauchen, um das zu finden, wonach wir auf der Suche sind. Das Traurige ist: wir sind dermaßen von Angst besessen, daß wir unserem Inneren nicht als einer Stätte der Intimität trauen, sondern ängstlich

umherlaufen in der Hoffnung, sie dort zu finden, wo
wir nicht sind. Wir versuchen diese Stätte der Intimität in Kenntnissen zu finden, in Befugnissen, in
Allerweltsbekanntheit, im Erfolg, bei Freunden,
durch Sensationen, Vergnügungen, Träumereien
oder künstlich herbeigeführte Zustände unseres Bewußtseins. Auf diese Weise werden wir uns selbst
entfremdet, werden zu Menschen, die zwar eine
Adresse haben, aber nie zu Hause sind, und daher nie
von der wahren Stimme der Liebe erreicht werden
können.

Hier läßt sich erkennen, was Disziplin im geistlichen Leben bedeutet. Sie bedeutet einen fortschrei-
tenden Prozeß des Heimwegs dorthin, wohin wir
gehören, und das Lauschen auf die Stimme, die unsere Aufmerksamkeit finden möchte. Es ist die
Stimme der „ersten Liebe". Der heilige Johannes
schreibt: „Wir sollen Liebe haben, weil Gott uns
zuerst geliebt hat" (1 Joh 4, 19). Es ist diese erste
Liebe, die uns den intimen Raum anbietet, in dem wir
in Sicherheit wohnen können. Die erste Liebe
spricht: „Ihr seid geliebt, lange bevor andere Menschen euch lieben können oder ihr andere lieben
könnt. Ihr seid angenommen, lange bevor ihr andere
annehmen könnt oder von ihnen angenommen werdet. Ihr seid sicher, lange bevor ihr selbst Sicherheit
gewähren oder empfangen könnt."

Das Zuhause ist der Ort, an dem diese erste Liebe
wohnt und sanft zu uns spricht. Es erfordert Selbst-
zucht, nach Hause zu kommen und zu lauschen, vor
allem dann, wenn unsere Ängste so sehr toben, daß
sie uns außerhalb von uns selbst herumirren lassen.
Wenn wir jedoch die Wahrheit begreifen, daß wir

schon ein Zuhause haben, dann haben wir letzten Endes auch die Kraft, die Illusionen zu entlarven, die unsere Ängste hervorgerufen haben, und werden weiterhin auf dem Weg nach Hause vorangehen, immer und immer wieder von neuem.

Dann heißt Umkehr: Heimkehr, und beten heißt: dort unser Zuhause suchen, wo der Herr ein Haus gebaut hat – im innersten Gemach unsres Herzens. Beten ist der konkreteste Weg, unser Zuhause in Gott zu finden.

In der hesychastischen Tradition der Orthodoxen Kirche des Ostens wird dies sehr schön dargestellt und aus dem Glauben heraus vollzogen. Das griechische Wort „hesychia" heißt Ruhe, und hesychastisches Beten führt uns zur Ruhe in Gott. Es wird als ein Hinabsteigen des Verstandes in das Herz beschrieben, um dort in der Gegenwart Gottes zu stehen. Darum wird es auch das Gebet des Herzens genannt. Die verbreitetsten und am meisten gebrauchten Worte sind die des Jesusgebets: „Herr Jesus Christus, hab Erbarmen mit mir Sünder", aber man spricht auch noch kürzere Sätze oder einfach den Namen „Jesus".

Auf die Mitte, den inneren Schwerpunkt gerichtete Gebete, wie Basil Pennington sie eingeführt hat, und das Maranatha („Komm, Herr Jesus"), beschrieben von John Main, sind Varianten dieser Form des Gebets. Ich erwähne die hesychastische Tradition hier, weil sie eine überaus hilfreiche Unterweisung für uns ist, unsere Wohnstatt dort zu suchen, wo Jesus die seine errichtet hat, nämlich in unserem eigenen Herzen. Diejenigen, die sich das

Gebet des Herzens zur täglichen Übung gemacht haben, erfahren es als einen einfachen, doch wunderbaren Weg nach ihrem wahren Zuhause. Es führt uns mehr und mehr fort aus dem Haus der Angst und bringt uns dem Haus der Liebe näher, dem Haus Gottes.

So ist das Gebet die Reise ins Innerste des Herzens, zu jenem vertrauten Zuhause, wo ein unaufhörliches Gespräch der Liebe stattfinden kann. Es führt uns zu dem Wissen, daß alles und alles gut sein wird, ja, daß wirklich alle Dinge des Lebens gut sein werden (Juliana von Norwich).

Für Jean Vanier und die behinderten Menschen, mit denen er zusammenlebt, ist diese innige Gottesbeziehung, in der alles gut ist, die Grundlage für ein gemeinsames Leben. Sie haben gelernt, daß es unmöglich ist, als verwundete Menschen miteinander zu leben, wenn sie nur einfach voneinander abhängig sind auf der Suche nach jenem Ort der Geborgenheit, nach dem sie sich sehnen. Unsere Wunden, sichtbare oder verborgene, sind zu tief, als daß wir einander einen Ort ganz ohne Angst bieten könnten. Oft stellen wir übermenschliche Forderungen aneinander, und werden diese Forderungen nicht erfüllt, fühlen wir uns verletzt und zurückgestoßen.

In einer Gemeinschaft Schwerbehinderter zeigt sich dies besonders deutlich. Behinderte Menschen verlangen ständige Aufmerksamkeit, während sie selbst selten imstande sind, Dankbarkeit auszudrükken oder Freundlichkeiten zu erwidern. Dauerhafte Bindungen können nicht einfach auf guten, noch besseren oder vorzüglichen zwischenmenschlichen Beziehungen beruhen. Sie müssen außerhalb der vielen Erfindungen und Sehnsüchte des verwundeten menschlichen Herzens verwurzelt sein. Sie müssen ihre Wurzeln in einer Bindung haben, die vor und jenseits allen menschlichen Zusammenseins bestand. Sie müssen ihre Wurzeln im Bunde mit Gott haben. Das ist der Bund der Treue Gottes, zugesagt in den Verheißungen an Noah, Abraham und Sarah, Isaak und Rebekka, Joseph, Mose und die Propheten und offenbar geworden in der Menschwerdung Jesu Christi.

Gott allein ist so frei von Wunden, daß er uns einen Raum, der frei ist von jeglicher Angst, gewähren kann. In und durch Gott können wir einander vertrauen: in Freundschaft, Ehe und Gemeinschaft. Dieser intime Bund mit Gott, der ständig durch das Gebet genährt wird, schenkt uns ein wirkliches Zuhause. In diesem Haus können wir zusammenleben, ohne viel mehr zu erbitten als die Bereitschaft, unsere Schwächen voreinander zu bekennen und einander zu vergeben.

Jean Vanier betrachtet diesen göttlichen Bund als die Grundlage jeglicher Form menschlicher Treue. Nur dann können wir miteinander verharren, wenn die „Kraft der Beharrlichkeit" von dem Einen ausgeht, der zu uns kommt, um beharrlich bei uns zu bleiben. Wenn wir erkennen, daß wir in diesem göttlichen Bund tief verankert sind, dann können wir auch miteinander Häuser bauen. Nur dann kann unser begrenztes und gebrochenes Leben die grenzenlose und unverbrüchliche Liebe Gottes widerspiegeln.

Intimität und Solidarität

Wenn wir das Wort „Intimität" im täglichen Leben brauchen, verbinden wir es schnell mit Für-sich-Sein, Abgeschiedenheit, Behaglichkeit und einer gewissen Exklusivität. Wenn jemand von einer Unterhaltung oder einem Beisammensein als intim spricht, denken wir gern an wenige Leute, einen kleinen Raum oder vertrauliche Angelegenheiten. Das Wort „intim" läßt gewöhnlich an das Gegenteil von „in aller Öffentlichkeit" denken.

Indes zeigt unsere geistliche Erfahrung hier etwas völlig Neues. Menschen, die ihre eigene Herzmitte berührt haben und in sie vorgedrungen sind, die den Ort der innigen Vertrautheit gefunden haben, wo sie ihrem Herrn begegnen, machen die geheimnisvolle Entdeckung, daß Solidarität die andere Seite der Intimität ist. Sie werden gewahr, daß Intimität im Hause Gottes niemanden ausschließt, vielmehr einen jeden einbezieht. Sie erkennen mit der Zeit, daß die Heimstatt, die sie in ihrem Innersten gefunden haben, so groß und umfassend ist wie die gesamte Menschheit.

Ebenso wie Abstand und Nähe keine gültigen Unterscheidungen mehr im Hause Gottes sind, sind auch Intimität und Solidarität keine gültigen Unterscheidungen mehr. Den inneren Zusammenhang von Intimität und Solidarität zu sehen ist sehr wichtig. Übersehen wir ihn, wird unsere Spiritualität entweder zur reinen Privatsache oder zur bloßen Betriebsamkeit eingeengt, ohne daß sie die ganze Schönheit des Lebens im Hause Gottes widerspiegelt.

Der beste Weg, die enge Beziehung zwischen Intimität und Solidarität zu erkennen, besteht darin, sich die Worte des heiligen Johannes ins Gedächtnis zu rufen und immer tiefer in sie einzudringen: „Das Wort ist Fleisch geworden und hat unter uns gewohnt" (Joh 1,14). Sie drücken das Geheimnis aus, daß Gott, in dem alles geschaffen wurde, selbst ein Teil dieser Schöpfung geworden ist. Gott ist für uns Mensch geworden, um uns Anteil am göttlichen Leben zu geben. So ist die ganze Menschheit in Jesus Christus gesammelt und zum Haus Gottes geführt worden. Durch die Menschwerdung Gottes in Jesus Christus ist die gesamte menschliche Kreatur emporgehoben worden in Gottes innerstes Herz. Es gibt kein menschliches Wesen in der Vergangenheit, der Gegenwart und in der Zukunft, nicht in Ost, West, Nord und Süd, das nicht durch das fleischgewordene Wort und in ihm von Gott umfangen ist.

Leben, Tod und Auferstehung Jesu Christi sind der Ausdruck dieser innigen Verbundenheit mit Gott. Er lebte unser Leben, starb unseren Tod und zog uns empor in seine Herrlichkeit. Es gibt kein menschliches Leiden, das Jesus nicht in seinem Todeskampf am Kreuz durchlitten hat; es gibt keine menschliche Freude, die Jesus nicht bei seiner Auferstehung zu neuem Leben verklärt hat; es gibt keinen menschlichen Tod, den Jesus nicht gestorben ist; es gibt kein menschliches Leben, das Jesus nicht gelebt hat. In ihm, durch den alles geschaffen ist, ist alles erneuert worden zur Herrlichkeit Gottes.

So enthüllt uns das Geheimnis der Menschwerdung die geistliche Dimension menschlicher Solidarität. Da durch die Menschwerdung Gottes die ganze Menschheit zu Gott emporgezogen wurde, bedeutet das Herz Gottes zu finden zugleich auch, das gesamte Volk Gottes zu finden. Deshalb ist ein Christus, in dem nicht alle Menschen miteinander verbunden sind, kein wahrer Christus. Wir, die wir Christus angehören, gehören auch zu allen Gliedern der Menschheit. Darum betete Jesus für seine Jünger mit den Worten: „Vater, heilige sie in der Wahrheit. Dein Wort ist Wahrheit. Wie du mich in die Welt gesandt hast, so habe ich sie in die Welt gesandt, und um ihretwillen heilige ich mich, so daß auch sie geheiligt sind in der Wahrheit" (Joh 17, 16–19). Wir können nicht in vertrauter Gemeinschaft mit Jesus leben, ohne daß wir zu unseren Brüdern und Schwestern gesandt werden, die derselben Menschheit angehören, die Jesus als die seine angenommen hat. So erweist sich Intimität als Solidarität und Solidarität als Intimität.

Christen sind berufen, Zeugnis von der Wahrheit zu geben, daß Gott alle Menschen zu einer Familie zusammengeführt hat. Gleichwohl sehen wir, wohin wir blicken, die verheerende Angst, die Menschen voreinander haben. Angst zwischen Rassen, Religionen, Nationen und Kontinenten. Angst zwischen Reich und Arm, Nord und Süd, Ost und West. Wo immer diese Angst herrscht, da ist Trennung, die zu Haß, Gewalt, Zerstörung und Krieg führt. Alles, was wir über die Zustände in der Welt in Zeitungen lesen, im Radio hören, auf dem Bildschirm sehen, scheint das Sprichwort zu bestätigen „homo homini lupus – der Mensch ist des Menschen Wolf". Und indem menschliche Intelligenz immer ausgeklügeltere Werkzeuge der Zerstörung erfindet, kommt die Menschheit täglich ihrer eigenen Vernichtung näher.

Nicht Solidarität, sondern Zertrümmerung ist das deutlichste Merkmal dafür, wie Menschen sich zueinander verhalten.

Es bedarf neuer Augen und neuer Ohren, um die Wahrheit über unsere Zusammengehörigkeit zu erfassen. Diese Wahrheit ist mit unserem gebrochenen, sündigen, angstvollen Herzen nicht zu vernehmen. Nur ein Herz, das vorbehaltlos liebt, kann die Einheit des Menschengeschlechts erfassen. Dazu bedarf es göttlicher Erkenntniskraft. Gott sieht sein Volk als ein einziges, das zu derselben Familie gehört und in demselben Haus wohnt. Gott möchte diese seine Erkenntnis mit uns teilen. Indem er seinen einzigen geliebten Sohn sandte, der für uns alle leben und sterben sollte, will Gott unsre Augen öffnen, damit wir unsere Zusammengehörigkeit in der Umarmung seiner vollkommenen Liebe erkennen.

Wenn wir in der Intimität des Hauses Gottes leben, erkennen wir allmählich die geheimnisvolle Wahrheit, daß Gott, der uns in vollkommener Liebe liebt, alle Menschen in diese Liebe einschließt, ohne die einzigartige Kraft seiner Liebe zu jedem einzelnen irgendwie zu schmälern.

Das mag für uns eine der am schwersten verständlichen Wahrheiten sein. In unserer konkurrenzorientierten Welt sind wir so daran gewöhnt, in den Kategorien von „mehr" und „weniger" zu denken, daß wir nicht leicht begreifen können, wie Gott allen Menschen mit derselben grenzenlosen Liebe zugetan ist und gleichzeitig jeden einzelnen in ganz einzigartiger Weise. Irgendwie haben wir das Gefühl, daß unsere Auserwählung die Zurückweisung eines anderen bedingt, daß unsere Einmaligkeit den anderen in eine Allgemeinheit abdrängt. Irgendwie meinen wir, wir könnten uns der Liebe Gottes zu uns nur dann restlos erfreuen, wenn andere weniger als wir selbst geliebt werden.

Doch das geistliche Leben durchbricht solche Unterscheidungen, die wir aus unserer Verstrikkung in Rivalität und Ehrgeiz heraus vornehmen. Das geistliche Leben läßt uns erfahren, daß derselbe Gott, der alle Menschen mit seiner Liebe umfängt, jedes Haar auf unserem Haupt gezählt hat (Matth 10,30), daß derselbe Gott, der niemanden aus seiner Fürsorge ausschließt, jedem einzelnen mit außerordentlicher Liebe zugeneigt ist, daß derselbe Gott, der für alle da ist, in gleicher Weise für jeden da ist, so als gäbe es niemanden sonst.

Je inniger unser Gebet wird, um so näher kommen wir diesem Geheimnis der Liebe Gottes. Und je näher wir diesem Geheimnis sind, um so besser können wir es in unser tägliches Leben übertragen. Es gibt uns die Freiheit, die Talente jedes anderen anzuerkennen, ohne uns selbst dadurch herabgesetzt zu fühlen, und ihre Einmaligkeit zu achten, ohne uns selbst deswegen weniger einmalig vorzukommen. Es ermöglicht uns, die verschiedenen einmaligen Weisen menschlichen Daseins als ein Zeichen der allumfassenden Liebe Gottes zu würdigen.

Wenn wir in den „Haushalt" Gottes eintreten, so bemerken wir, daß die Zerstörung der Menschheit und ihr Todeskampf von der falschen Annahme herrühren, daß alle Menschen um ihr Recht kämpfen müssen, geschätzt und geliebt zu werden. Im Haus der Liebe Gottes beginnen wir mit neuen Augen zu sehen und mit neuen Ohren zu hören und erkennen, daß alle Menschen, unabhängig von Rasse, Religion, Geschlecht, Reichtum, Intelligenz oder Herkunft, zu ein und demselben Haus gehören. Gottes Haus hat keine trennenden Wände und keine geschlossenen Türen. „Ich bin die Tür", sagt Jesus. „Jeder, der durch mich eintritt, wird geborgen sein" (Joh 10,9). Je weiter wir in das Haus der Liebe vordringen, um so deutlicher werden wir gewahr, daß wir mit der gesamten Menschheit dort zusammen sind und daß wir in und durch Christus Brüder sind, Glieder einer Familie.

Im Haus Gottes werden wir geheiligt zur Treue, das heißt zur Teilnahme am Verlöbnis Gottes mit seinem Volk. Das Wort Verlöbnis – das das Wort geloben einschließt – drückt sehr schön den persönlichen Charakter des Treuegelöbnisses aus. In Treue gehören wir in Gott zueinander. Darin besteht die geistliche Grundlage der Solidarität.

Hier finden wir wiederum den Grund allen christlichen Handelns. Wie das Gebet uns ins Haus Gottes und seines Volkes hineinführt, so führt das Tun uns zurück in die Welt, um dort für Versöhnung, Einheit und Frieden zu wirken. Wir haben die Wahrheit einmal erkannt, wir möchten der Wahrheit gemäß handeln und der Welt ihr wahres Wesen zeigen. Alles christliche Tun – Kranke besuchen, Hungrigen zu essen geben, Nackte bekleiden oder für eine gerechtere und friedlichere Gesellschaft arbeiten – ist Ausdruck menschlicher Solidarität, die uns im Haus Gottes offenbart wurde. Es ist kein ängstliches menschliches

Bemühen, eine bessere Welt zu schaffen. Es ist ein vertrauensvoller Ausdruck der Wahrheit, daß in Christus Tod, Elend und Zerstörung überwunden sind. Ebensowenig ist es der bange Versuch, eine zerbrochene Ordnung wieder herzustellen. Vielmehr ist es das freudige Zeugnis dafür, daß in Christus alle Ordnung bereits hergestellt wurde. Es ist keine nervöse Anstrengung, um entzweite Menschen zusammenzuführen, sondern die Feier einer schon vollzogenen Einheit. Aktion bedeutet also nicht Aktionismus; etwas intensiv betreiben heißt nicht, in Betriebsamkeit verfallen. Der tätige Christ möchte heilen, aufbauen, versöhnen und erneuern, aber durch sein Tun im Hause Gottes verweist er auf die heilende, aufbauende, versöhnende und erneuernde Gegenwart Gottes.

Jean Vanier versteht das sehr gut. Sieht man die vielen kleinen Häuser für die Behinderten, fragt man sich, ob er und seine Mitarbeiter ihre Zeit und ihre Kraft nicht nutzbringender einsetzen könnten. Während die Bedürfnisse der Welt unsere Aufmerksamkeit beanspruchen, verbringen Hunderte fähiger, intelligenter Menschen ihre Zeit, oft ihre ganze Zeit, damit, gebrechliche Menschen zu füttern, ihnen ein paar Schritte gehen zu helfen, einfach bei ihnen zu sein und ihnen mit einem freundlichen Wort ein bißchen wohlzutun, mit einer kleinen Zärtlichkeit, einem ermutigenden Lächeln. Während jedermann sich bemüht, es in unserer leistungs- und machtorientierten Gesellschaft zu etwas zu bringen, „verschwenden" diese Menschen ihre Zeit. Was sie tun, ist höchst unergiebig, erfolglos und sogar nutzlos. Jean Vanier jedoch glaubt, daß in dieser nutzlosen

Arbeit für die Armen die Wahrheit der vollkommenen Liebe Gottes zu allen Menschen sichtbar wird.

Dieser erhabene Gedanke wird immer wieder ganz „handgreiflich" in die Praxis umgesetzt. Während meines Aufenthalts in der „Arche" wurde ich zu einer Geburtstagsfeier für einen Freund eingeladen, der in „La Promesse" arbeitet, einem der französischen Heime. Obwohl die vierzehn Behinderten, die dort leben, aus der Gegend stammen, kommen die Helfer, die tagein tagaus mit ihnen zusammen wohnen und arbeiten, aus England, Irland, Holland, aus der Schweiz, den Vereinigten Staaten, aus Japan und Frankreich. Einige von ihnen sprechen ein wenig Französisch, die meisten haben Qualifikationen vom College, und sie alle sind junge Leute.

Da mein Freund Amerikaner ist, beschlossen sie, ihm ein zünftiges amerikanisches Festmahl zu bereiten. Es gab Hamburger mit Ketchup und Kartoffelchips, Pepsi Cola und Milchshakes. Zum Essen und Trinken benutzten wir Pappteller, Plastikbecher und Plastikhalme. Obwohl ich während meiner achtzehn Jahre in den Vereinigten Staaten nie ein Essen wie dieses erlebt habe, war es eine gute Gelegenheit festzustellen, wie Amerikaner aus der Ferne eingeschätzt werden.

Insgesamt waren dreißig Menschen da, und jeder hatte etwas darzubieten: ein Geschenk, ein Lied, eine Ansprache, eine Zeichnung. Die Begeisterung war groß. Einige spielten Kellner und trugen in Prozessionsordnung das erste Gericht herein, wobei sie die Pappteller auf dem Kopf balancierten; mangels einer Torte brannten Kerzen auf den Hamburgern, Plastikflaschen dienten als Mikrophone, man spielte auf Gitarren à la Elvis Presley, und Tonbandgeräte liefen mit und ohne Musik. Der Abend wurde bei Kerzenlicht mit einem geistlichen Lied beschlossen, einer Lesung aus dem Evangelium, spontanen Gebeten und Fürbitten und einem Lobgesang an Unsere Liebe Frau von der Arche, der so feierlich klang wie das Salve Regina in einem Trappistenkloster.

Als ich da zwischen all diesen behinderten und nicht behinderten „Verrückten" saß, hopsend, singend, lachend, Hände klatschend und betend, durchfuhr mich plötzlich der Gedanke, daß die Armen die Reichen von überall auf der Welt um sich her versammelt hatten und ihnen die treue Liebe Gottes vor Augen führten. Da waren die Unterscheidungen zwischen behindert und normal, arm und reich, nutzlos und nützlich ausgelöscht, und die grundlegende Einheit aller, die im Hause Gottes leben, war sichtbar gemacht worden. „Unbedeutendes" Leben hatte eine göttliche Bedeutung gewonnen, die Bedeutung von einem Gott her, der sich uns offenbart hat in der Schwachheit eines kleinen Kindes, eines Wanderpredigers und eines Ausgestoßenen am Kreuz.

Die Intimität im Haus der Liebe führt stets Solidarität mit den Schwachen. Je näher wir dem Herzen des Einen kommen, der uns mit bedingungsloser Liebe zugetan ist, um so näher kommen wir einander in der Solidarität einer erlösten Menschheit.

Zusammenfassung

Das führt uns zum Abschluß dieses Abschnitts über den Begriff Intimität als erstes Kennzeichen des Lebens im Haus der Liebe. Wir haben Intimität als ein göttliches Geschenk kennengelernt, das uns ermöglicht, angstvolle Distanz ebenso wie angstvolle Nähe zu überwinden und eine Liebe zu erfahren, die alle menschlichen Vorstellungen und Möglichkeiten der Annahme oder der Ablehnung übersteigt. Diese göttliche Intimität ergreift von niemandem Besitz und schließt niemanden aus: sie öffnet vielmehr unsere Augen für alle Menschen als Brüder und Schwestern und macht unsere Hände frei für die Arbeit in Solidarität mit allen Menschen, vor allem mit den Leidenden. So wird beides, Beten und Handeln, zum Ausdruck der Intimität. Wir neigen dazu, das Gebet nur als ein Verweilen bei Gott anzusehen im Gegensatz zum Handeln, das den Umgang mit Menschen einschließt. Diese Gedanken über Intimität dürften gezeigt haben, daß beides, Beten und Handeln, Ausdruck einer vertrauten Beziehung zu Gott und durch ihn zu allen Menschen sind.

Diese Betrachtungsweise der Intimität stellt einen Zusammenhang her, um die Bedeutung der Fruchtbarkeit zu untersuchen, des zweiten Kennzeichens des Lebens im Haus der Liebe.

II. Fruchtbarkeit

Einführung

„Wer in mir bleibt und in wem ich bleibe, der bringt viele Frucht" (Joh 15,5). Mit diesen Worten spricht Jesus über Fruchtbringen oder Fruchtbarkeit. Wenn Jesus selbst und durch ihn die ganze Menschheit unser wirkliches Zuhause geworden ist, dann können wir wirklich fruchtbringende oder fruchtbare Menschen werden. Das Wort „Fruchtbarkeit" spielt in unseren alltäglichen Gesprächen keine große Rolle, und doch verdient dieses Wort, neu entdeckt zu werden, denn es kann uns zu unserer ursprünglichen menschlichen Fähigkeit führen, Leben hervorzubringen. Daß das Wort Fruchtbarkeit altertümlich klingt, mag anzeigen, daß die Wirklichkeit, die es bezeichnet, auf eine tiefere Schicht unseres Bewußtseins in der heutigen technisch bestimmten Gesellschaft zurückgeht.

Doch es ist nicht nur unser Gefühl der Ungeborgenheit, des Kein-Zuhause-Habens, es sind vielmehr auch unsere Zweifel an der Fähigkeit, Leben zu geben, die uns so viel Leiden verursachen. Viel Schmerz in der heutigen Welt erwächst unmittelbar aus diesem tiefen Gefühl der Wertlosigkeit. Zahllose Menschen erfahren ihr Dasein als stumpf, langweilig, erstarrt und schablonenhaft. Es fehlt ihnen an innerer Lebendigkeit, an dem tiefen Verlangen, überhaupt zu leben. Für sie ist ein Tag wie der andere, oft zwar ausgefüllt mit vielerlei Tätigkeiten, aber selten echte menschliche Befriedigung gewährend. Dies eben ist das Lebensgefühl der Unfruchtbarkeit. Doch glücklicherweise empfinden manche Männer und Frauen durchaus ihren Wert, eben weil sie der Bestimmung ihres Daseins, Leben zu spenden, inne sind. Ihre Freude weckt Freude, ihr Frieden schafft Frieden. Sie machen uns die heilsame gegenseitige Durchdringung aller Lebensströme bewußt.

Im folgenden Abschnitt möchte ich auf die Bedeutung der Fruchtbarkeit für unser Leben näher eingehen. Zunächst soll die negative Beziehung zwischen Angst und Fruchtbarkeit aufgezeigt werden. Danach werde ich zu beschreiben versuchen, auf welche Weise sich Fruchtbarkeit im Haus der Liebe offenbart. Schließlich sollen die missionarischen Konsequenzen aus dieser Fruchtbarkeit gezeigt werden, wenn sie sich mit Empfänglichkeit verbindet.

Fruchtbarkeit und Angst

Angst verhindert nicht nur Intimität, sie macht auch Fruchtbarkeit unmöglich. Wenn Angst unser Leben beherrscht, vermögen wir nicht mit Ruhe und Geduld jenen heiligen Bezirk zu schützen, in dem Frucht gedeihen kann. Zwei Formen, in denen Angst sich äußert, sind Sterilität und Produktivität.

Sterilität, Unfruchtbarkeit ist eine der offenkundigsten Entsprechungen zu Angst. Wenn wir uns von Bedrohungen umzingelt fühlen, schließen wir uns ab und gelangen nicht mehr zu anderen, zu denen eine fruchtbare Beziehung entstehen könnte. Je ängstlicher wir werden, um so mehr ziehen wir uns zurück. Wie wir eine Gefahr wachsen fühlen, kapseln wir uns mehr und mehr ein, bis wir uns schließlich ohne jeden Kontakt zu „den anderen" sehen. So verschanzen wir uns hinter selbsterrichteten Schutzmauern und werden unfruchtbar.

Viele Menschen fühlen sich unfruchtbar, selbst wenn sie Kinder, einen Beruf, Geld und ansehnlichen Erfolg im Leben haben. Das Gefühl der Unfruchtbarkeit ist die Erfahrung, nicht wirklich zu leben und darum auch nicht fähig zu sein, selbst Leben zu spenden. Oft hören wir Äußerungen wie: „Ich bin nicht verantwortlich für diese Welt. Die großen Entscheidungen treffen andere … Alles, was ich möchte, ist, daß man mich in Ruhe läßt … Ich kümmere mich lieber um meine eigenen Angelegenheiten und gehe meinen eigenen Interessen nach. Natürlich weiß ich, daß die Menschen leiden, doch was kann ich dagegen tun? …" So spricht die Stimme des Todes. Sie drückt ein Gefühl der Nutzlosigkeit und des Zweifels an sich selbst aus, das allmählich den Wunsch, sich zu entfalten, auslöscht.

In der Ersten Welt, mit ihrer hochentwickelten Technik und ihrer verwickelten Bürokratie, hat eine wachsende Zahl von Männern und Frauen jegliches Gefühl dafür verloren, aktiv an der Gestaltung der Zukunft teilzunehmen. Sie empfinden sich oft als nutzlose Anhängsel einer komplizierten Maschinerie, deren Funktionieren sie nicht begreifen. Das gilt ebenso für arbeitslose Jugendliche oder im Ruhestand lebende Ältere wie für viele, die engagiert und fleißig in den Fabriken und Büros unserer heutigen Gesellschaft ihre Arbeit tun. Sich zu langweilen, während man doch ganz beschäftigt ist, ist ein unheilvolles Symptom dieser geistlichen Krankheit.

In der Dritten Welt ist das Gefühl der Nutzlosigkeit nicht weniger verbreitet, wenngleich aus einem ganz anderen Grund. Dort ist der Abstand zwischen Arm und Reich oft so groß, daß die Armen sich überflüssig fühlen oder als Last für jene, die das Schicksal ihres Landes gestalten. Viele, die in tiefem Elend leben müssen, wurden zu Fatalisten. Sie glauben, daß sich, was immer sie auch tun mögen, ihre Lage nicht ändert. Die Stärke der Mächtigen erscheint ihnen so überwältigend, daß es nicht der Mühe lohnt, für bessere Erziehung, bessere Wohnverhältnisse, bessere Gesundheitsfürsorge zu kämpfen. Wirkliche Veränderung scheint ihnen ebenso unmöglich wie am Fuß des Regenbogens Gold zu finden.

Ob es sich um die Erste oder um die Dritte Welt handelt – die Angst vor unbekannten Mächten nährt die Erfahrung der Unfruchtbarkeit, jene Erfahrung, die Menschen sagen läßt: „Ich habe nichts zu bieten." Die Hoffnung schwindet dahin, ohne daß wir überzeugt sein konnten, eine Verheißung erhalten zu haben, die sich im Laufe unseres Lebens erfüllen werde; und mit der Zeit wird es uns unmöglich, selbst Leben zu schenken. Bei manchen Menschen führt diese Erfahrung zu der Weigerung, Kinder zu haben: „Wozu Kinder, wenn es keine Zukunft für sie gibt?" Für andere werden Kinder zum einzigen Grund der Sicherheit: „Wer außer meinen Kindern sollte im Alter für mich sorgen?" Für alle aber bedeutet der Verlust der Hoffnung zugleich ein Ersticken der inneren Bewegung auf die Zukunft hin. In diesem Sinne ist Unfruchtbarkeit zuerst und vor allem eine Verwundung der geistigen und geistlichen Existenz. Geist Gottes ist ein schöpferischer Geist, der sich in immer neuem Leben kundtut. Wird dieser Geist durch Angst ausgelöscht, klammern wir uns an das, was wir besitzen, und bringen dadurch alle Bewegung, alles Wachstum zum Erstarren.

Jean Vanier machte mir einmal deutlich, wie Jesus die Unfruchtbarkeit der Frau am Brunnen erkannte (vgl. Joh 4, 1–42). Jesus begegnete ihr zur Mittagszeit, in der heißesten Stunde des Tages, da niemand zum Brunnen kommt, um Wasser zu schöpfen. Sie kam zu dieser Zeit, weil sie es nicht wagte, sich den anderen Frauen anzuschließen, die am frühen Morgen kamen, nicht nur um Wasser zu schöpfen, sondern auch um die letzten Neuigkeiten auszutauschen. Sie war eine Ausgestoßene und unter ihresgleichen nicht gern gesehen. Als Jesus zu ihr sagte: „Das Wasser, das ich gebe, wird zu einer inneren Quelle werden" (Joh 4,14), verwies er sie auf ihre geistliche Unfruchtbarkeit und bot ihr Heilung an. Am Ende der Erzählung sehen wir, wie diese ausgestoßene, verängstigte Frau in die Stadt zurückkehrt und furchtlos bezeugt: „Kommt und seht einen Mann, der mir alles sagte, was ich je getan habe. Ob er vielleicht der Messias ist?" (Joh 4, 29–30). Sie ist von ihrer Angst befreit, ihrer Unfruchtbarkeit geheilt und zu einer fruchtbaren Zeugin des lebenspendenden Christus geworden.

Angst kann nicht nur zu Sterilität führen, sondern auch zur Flucht in Produktivität und Leistung. Hier ist auf einen wesentlichen Unterschied zwischen Früchten und Produkten bzw. Leistungen zu achten: Die Aufforderung zu einem fruchtbaren Leben umfaßt nicht notwendigerweise den Appell, produktiv und leistungsstark zu sein. Ein Produkt ist etwas, das wir herstellen. Bestimmte konkrete Handlungen ergeben ein Produkt, ein Erzeugnis, das wir daraufhin als unser Eigentum bezeichnen dürfen. Wenn wir diese Arbeitsgänge wiederholen, wenn sich daraus das gleiche Produkt ergibt und wenn wir sie immer und immer wieder leisten, gelten wir bald als sehr produktive Menschen, die ihre kostbare Zeit nicht vergeuden.

In unserer Welt kann schlechthin alles zur Leistung, zum Produkt werden – nicht nur Autos, Häuser, Bücher und Gebrauchsgegenstände, sondern auch einflußreiche Freunde, erfolgreiche Beziehungen und wichtige Entscheidungen. All das kann ein Bestandteil dessen werden, was wir „gemacht" haben, was uns das Gefühl gibt, in den Augen anderer „jemand" zu sein. Oft wird einer vorgestellt, indem man auf seine Produktivität nachdrücklich hinweist. „Das ist Frank, er hat einige vielbeachtete Bücher geschrieben, die Sie mit Vergnügen lesen würden. – Das ist Mary, sie hat den Pulitzer-Preis bekommen. – Und das ist Peter, der weiß einfach alles über Photographieren, usw ...." Bei all dem wird stillschweigend vorausgesetzt, daß wir das sind, was wir machen.

In unserer heutigen Gesellschaft mit ihrer Betonung von Leistung und Erfolg leben wir häufig so, als bedeute produktiv sein dasselbe wie fruchtbar sein. Produktivität verschafft uns einen gewissen Bekanntheitsgrad und trägt dazu bei, nicht befürchten zu müssen, nutzlos zu sein. Wenn wir jedoch in der Nachfolge Jesu leben wollen, müssen wir begreifen, daß Erzeugnisse, Erfolge und vorzeigbare Ergebnisse oft mehr zum Haus der Angst gehören als zum Haus der Liebe.

Wenn Angst unser Leben beherrscht, machen wir uns Sorge um den Wert unserer Person und richten all unser Sinnen und Trachten auf Leistungen. Ich glaube sogar, unsere tiefe innere Angst davor, unfruchtbar zu sein, ist der Grund dafür, uns in hektische Betriebsamkeit zu stürzen.

Die Betonung der Leistungskraft nimmt ständig zu. Nicht nur in der Geschäftswelt und der Industrie, sondern auch beim Sport und an der Universität ist Leistung die Hauptsache geworden.

Meine eigene Erfahrung beschränkt sich auf den Bereich der Universität. Eine der bedrückendsten Tatsachen im Leben vieler Studenten ist, daß sie sich stets unter Druck fühlen. Die Ironie liegt darin, daß gerade diejenigen, die durch ihr Studium sich den Luxus erlauben können, Zeit mit der Lektüre der großen Werke unserer Kultur und der Erforschung der tausendfältigen Schönheit der Natur zu verbringen, dauernd im Kampf mit der Zeit liegen. Studenten beklagen sich über die Anzahl der Seiten, die sie lesen oder schreiben müssen, und fragen sich voll Angst, wie sie mit ihren vielen Aufgaben rechtzeitig fertig werden sollen. Das Wort „Schule", das sich von „schola" (in der Bedeutung von Freizeit) herleitet, erinnert uns daran, daß Schulen ursprünglich dazu gedacht waren, ein geschäftiges Dasein zu unterbrechen und einen Freiraum für die Betrachtung der Geheimnisse des Lebens zu schaffen. Heute sind sie zur Arena eines hektischen Wettlaufs geworden mit dem Ziel, so viel wie nur möglich zu leisten und in einem kurzen Zeitraum das notwendige Rüstzeug zu erlangen, um den harten Lebenskampf zu bestehen. Bücher, die mit Muße verkostet werden sollten, werden hastig verschlungen, um ein Soll zu erfüllen; Gemälde, die mit betrachtendem Blick aufgenommen werden sollten, werden als notwendiger Bestandteil eines Kunstkurses „mitgenommen", und Musik, die gelöst und ruhig genossen werden sollte, wird angehört, um eine Stilepoche bestimmen zu können. So werden Seminare und Universitäten, die als Stätten ruhigen Studierens gedacht sind, zu Schauplätzen eines erbitterten Wettstreits, wo diejenigen den Preis gewinnen, die das meiste und das beste leisten.

Diese Betonung von Leistung und Produktivität hat auch unsere zwischenmenschlichen Beziehungen gefährlich angesteckt. Die Beziehungen zwischen Ehegatten, zwischen Eltern und Kindern, Geschwistern, Lehrern und Schülern sind häufig durch die alles dominierende Jagd nach Erfolg vergiftet. Selbst in unsere intimsten und verletzlichsten Lebensbereiche dringt die Angst vor, nicht „leisten" zu können.

Eine ganze Industrie rund um die „menschliche Sexualität" ist aus dem Boden gewachsen. Filme, Video-Kassetten, Bücher und Zeitschriften, die die sexuellen Wünsche von Männern und Frauen ausbeuten, werden massenweise produziert und verkauft. Sie verbreiten den Mythos, daß sexuelle Leistungsfähigkeit der schnellste Weg zum Glücklichsein sei. Die Tragödie ist, daß – in einer Welt so vieler einsamer Menschen – die Sex-Industrie uns glauben machen will, wirkliche Intimität sei identisch mit „gutem" Sex. Und obwohl die meisten Menschen sich vom pornographischen Ausdruck menschlicher Sexualität abwenden, leiden doch viele – bewußt oder unbewußt – unter der falschen Hervorhebung der sexuellen Potenz, die unsere hedonistische Zivilisation bestimmt.

Ich möchte durchaus nicht behaupten, daß Leistung und Produktivität schlecht und verachtenswert seien. Im Gegenteil, Produktivität und Erfolg können unsere Lebensqualität in hohem Maße steigern. Wenn indes unser Wert als Mensch von dem abhängt, was wir mit unseren Händen oder unserem Verstand hervorbringen, dann werden wir Opfer jener Strategie der Angst, mit der unsere Welt taktiert. Wenn Leistung und Produktivität die Hauptmittel sind, um Selbstzweifel zu überwinden, dann werden wir überaus empfindlich gegenüber Ablehnung und Kritik und zu innerer Verkrampfung und Depression neigen. Leistung und Produktivität können niemals das tiefe Gefühl von Geborgenheit vermitteln, nach der wir uns sehnen. Je mehr wir leisten und produzieren, um so deutlicher erkennen wir, daß Erfolge und Erträge uns nicht die Erfahrung des Zuhauseseins, der Geborgenheit gewähren können. Oft verrät uns unsere Betriebsamkeit, daß wir von Angst getrieben sind. So gesehen, laufen Sterilität, Unfruchtbarkeit und Produktivität, Leistungsdrang auf ein und dasselbe hinaus: sie können Anzeichen dafür sein, die unsere Fähigkeit zu einem wirklich fruchtbaren Leben in Frage stellen.

Bei Jean Vanier und seinen Behinderten wurde mir selbst bewußt, wie erfolgsorientiert ich bin. Das Zusammenleben mit Männern und Frauen, die in der Welt des großen Geschäfts, der Industrie, des Sports oder der geistigen Auseinandersetzung nicht mithalten können, deren wesentliche „Leistungen" vielmehr im Anziehen, Gehen, Sprechen, Essen, Trinken und Spielen bestehen, ist für mich überaus ernüchternd. Ich durfte zu der theoretischen Einsicht kommen, daß Sein wichtiger ist als Tun, doch sobald von mir verlangt wird, mit solchen Menschen, die sehr wenig tun können, einfach nur zusammenzusein, dann merke ich, wie weit ich von der Umsetzung dieser Einsicht in die Tat entfernt bin. So wurden die Behinderten zu meinen Lehrmeistern. Sie gaben mir auf vielfältige Weise zu verstehen, daß Produktivität und Leistung etwas anderes sind als Fruchtbarkeit. Manche von uns mögen produktiv sein und andere nicht, wir alle aber sind dazu berufen, Frucht zu bringen. Fruchtbarkeit ist ein wirkliches Merkmal der Liebe.

Fruchtbarkeit und Liebe

Ebenso wie Intimität ihren Platz nicht auf halbem Wege zwischen Nähe und Abstand hat, ist auch Fruchtbarkeit kein geglücktes Mittelding zwischen Sterilität und Produktivität. Sterilität und Produktivität sind Engpässe, die unser Leben bestimmen und ihm Richtung geben. Die aus Angst hervorgehende Ablehnung, neuem Leben zum Entstehen zu verhelfen, und der gleichfalls von Angst diktierte Versuch, Leben allein durch uns selbst zu schaffen, heißt mit

Gott spielen. Denn wir halten dadurch ängstliche Distanz zu dem, der die Liebe ist und der uns einlädt, sich ihm anzuvertrauen und sich an unbekannten und unvorhersehbaren Orte führen zu lassen.

Fruchtbarkeit übersteigt beides, Sterilität ebenso wie Produktivität, weil sie im Reich der Liebe und nicht in dem der Angst zu Hause ist. Es ist das große Geheimnis der Fruchtbarkeit, daß sie dort sichtbar wird, wo wir unsere Versuche, das Leben zu beherrschen, aufgegeben haben und das Wagnis eingehen, das Leben seine eigenen inneren Bewegungen entfalten zu lassen. Wann immer wir Vertrauen haben und uns dem Gott der Liebe anheimgeben, werden Früchte reifen. Früchte können nur aus dem Wurzelgrund intimer Liebe entstehen. Sie werden nicht hergestellt und sind nicht das Ergebnis besonderer menschlicher Praktiken, die beliebig wiederholt werden können. Weder voraussagbar noch bestimmbar, sind es Geschenke, die angenommen werden. Gerade dieser Geschenkcharakter ist es, der Früchte von Produkten unterscheidet.

Drei Merkmale eines fruchtbaren Lebens möchte ich skizzieren: Verwundbarkeit, Dankbarkeit und Fürsorge. Ein fruchtbares Leben ist zu allererst der *Verwundbarkeit* ausgesetzt. Solange wir in Furcht voreinander verharren, rüsten wir uns mit Waffen aus und leben in Verteidigungsstellung. Aus solcher Lebensweise können keine Früchte hervorgehen. Sie führt vielmehr zu Mauern, Waffen und so ausgeklügelten Erfindungen wie Trident-Unterseebooten und Interkontinentalraketen, doch sie bringt keine Früchte. Erst wenn wir unsere Schutzschilde niederzulegen wagen und einander genug Vertrauen schenken, um unsere gemeinsame Schwäche und Bedürftigkeit einzugestehen, können wir miteinander ein fruchtbares Leben führen.

Der Weg Gottes ist der Weg der Schwachheit. Das ganz Neue des Evangeliums liegt gerade darin, daß Gott gering und verletzbar wurde, und eben dadurch wurde uns der Boden für Fruchtbarkeit bereitet. Das fruchtbarste Leben, das es jemals gab, ist das Leben Jesu, der nicht an seiner göttlichen Macht festhielt, sondern einer von uns wurde (vgl. Phil 2,6–7). Jesus brachte uns neues Leben, indem er sich äußerster Verwundbarkeit auslieferte. Er kam zu uns als kleines Kind, ganz auf die Fürsorge und den Schutz anderer angewiesen. Er lebte für uns als armer Prediger, ohne irgend welche politische, wirtschaftliche oder militärische Macht. Er starb für uns, ans Kreuz genagelt, als unnützer Verbrecher. Aus dieser äußersten Verwundbarkeit wurde unser Heil gewirkt. Die Frucht dieses armseligen und verfehlten Lebens ist ewiges Leben für alle, die an ihn glauben.

Es fällt uns sehr schwer, das Geheimnis der Verwundbarkeit Gottes auch nur annähernd zu begreifen. Doch haben wir Augen zu sehen und Ohren zu hören, können wir es auf vielfältige Weise und vielerorts wahrnehmen. Wir können es sehen, wenn ein Kind geboren wird, die Frucht der Liebe zweier Menschen, die sich ohne Schutzwehr begegneten und in Schwachheit umarmten. Wir können es in dem dankbaren Lächeln der Armen und der herzlichen Zuneigung der Behinderten erblicken. Wir haben es immer dann vor Augen, wenn Menschen um Verzeihung bitten und sich versöhnen.

Viel Leiden entsteht aus der Angst, Schuld einzugestehen und Vergebung zu erbitten. Ich habe ganz radikale Veränderungen im Leben von Menschen gesehen, wenn sie endlich den Mut fanden zu bekennen, worüber sie zutiefst beschämt waren oder wessen sie sich heillos schuldig fühlten, und wenn sie dann erkannten, daß sie, statt einen Freund zu verlieren, einen neuen gewonnen hatten. Entfernungen werden überbrückt, Mauern niedergerissen und Abgründe geschlossen. Ich erinnere mich lebhaft an viele lange und mühsame Gespräche mit einer Studentin, die wegen ihres Hasses gegen Gott unter ständigem Druck stand. Für sie war Gott ein schrecklicher Unterdrücker, der ihr Leben zu einem Elend machte, indem er sie mit Scham und Schuld überbürdete. Keine meiner Erklärungen über Gottes Mitleid und Liebe konnten ihre Meinung ändern. Doch eines Tages, als wir viel Zeit zum Reden hatten, als wir uns beide frei von Belastungen fühlten und Vertrauen zueinander entstand, erzählte sie mir ihre lange leidvolle Lebensgeschichte in allen bitteren Einzelheiten. Beim Sprechen spürte ich, daß etwas Neues in ihr aufbrach: das innere Gewahrwerden, daß sie wirklich geliebt wurde und keine Angst zu haben brauchte. Später schrieb sie mir: „Das lange Gespräch, das wir miteinander führten, war für mich der Anfang eines neuen Lebens, eines Lebens unter dem Mantel der Vergebung und der beständigen Liebe Gottes." Neues Leben bedeutete es für sie aus eben dem Grunde, daß das wahre Antlitz Gottes in der beiderseitigen Verwundbarkeit zweier Menschen sichtbar geworden war. Diese junge Studentin hatte nicht nur Gott entdeckt, sie hatte auch einen neuen Freund gefunden.

Wo immer wir sehen, wie Menschen ihre Ängste überwinden und einander in gegenseitiger Verwundbarkeit näherkommen, erahnen wir einen Schimmer der Liebe im Haus Gottes und kosten die Frucht dieser Liebe.

Das zweite Merkmal fruchtbaren Lebens ist *Dankbarkeit*. Unsere Sorge um Erfolg bringt den Geist der Dankbarkeit zum Erlöschen. Wenn Herz und Gedanken darauf fixiert sind, unsere Wertschätzung bei anderen zu erproben und uns mit unseren Rivalen zu messen, ist es schwer, dankbar zu sein. In einer Gesellschaft, die Unabhängigkeit und Selbstvertrauen als Ideale hinstellt, ist Dankbarkeit eher ein Zeichen der Schwäche denn der Stärke. Dankbarkeit setzt die Bereitschaft voraus, unsere Abhängigkeit von anderen anzuerkennen und ihre Hilfe und Unterstützung anzunehmen.

Sobald wir jedoch unsere Aufmerksamkeit nicht mehr auf Produkte, sondern auf Früchte richten, werden wir dankbar. Jesus dankte immer. Als er vor dem offenen Grab des Lazarus stand, dankte er seinem Vater, daß er sein Gebet erhört habe (Joh 11, 41). Als seine Jünger mit ihm zum Letzten Abendmahl versammelt waren, sprach er Worte des Dankes über Brot und Wein. Dankbarkeit bildet den Mittelpunkt des Lebens Jesu und seiner Jünger.

Eine der bewegendsten Geschichten über Dankbarkeit ist die Erzählung von der Brotvermehrung, die Johannes überliefert (Joh 6, 4–13). Als Jesus die hungrige Menge sah und nicht wußte, wo man Brot für die Leute kaufen solle, sagte Andreas: „Hier ist ein Junge mit fünf Gerstenbroten und zwei Fischen. Aber was ist das für so viele?" Diese Worte des Andreas geben nachdrücklich die Gesinnung wieder, die uns ängstliche Menschen kennzeichnet. Die Bedürfnisse sind außerordentlich groß, die Vorräte denkbar klein – was sollen wir also tun? Was dieser Gesinnung zugrunde liegt, ist eindeutig: laßt uns das wenige, das wir haben, zusammenhalten, damit wenigstens *wir* überleben. Aber „Jesus nahm die Brote, dankte und teilte sie allen aus, die dort saßen; dann tat er dasselbe mit den Fischen und verteilte, soviel sie wollten." Diese radikale Veränderung der Sichtweise, daß wir nämlich Brot und Fisch nicht mehr als spärliche Produkte ansehen, die wir für uns selbst horten müssen, sondern als kostbare Gaben Gottes betrachten, die nachgerade fordern, daß wir sie dankbar austeilen, ist die große Wende vom Wirken des Todes zum Lebenspenden, die Abkehr von der Angst und die Hinwendung zur Liebe. Wenn die Erzählung mit der überwältigenden Aussage schließt, daß „die Jünger zwölf Körbe mit Resten füllten, die von dem Mahl aus fünf Gerstenbroten übriggeblieben waren", dann gibt es keinen Zweifel mehr, daß das Haus Gottes ein Haus des Überflusses ist, nicht des Mangels.

Dankbarkeit erwächst aus der Einsicht, daß alles, was ist, göttliches Geschenk ist, aus Liebe geboren und uns in Freiheit gegeben, so daß wir Dank sagen und mit anderen teilen dürfen.

Je mehr wir der intimen Liebe Gottes inne werden, die uns erschafft, erhält und führt, um so klarer erkennen wir die Fülle der Früchte, die aus dieser Liebe erwachsen. Es sind Früchte des Geistes: Freude, Frieden, Freundlichkeit, Güte, Sanftmut. Finden wir eine dieser Früchte, erfahren wir sie stets als Gabe.

Wenn wir zum Beispiel eine gute Atmosphäre in der Familie genießen, friedliche Stimmung unter Freunden oder den Geist der Zusammenarbeit und gegenseitiger Hilfe in der Gemeinschaft, dann wissen wir intuitiv, daß wir selbst sie nicht hergestellt haben. Sie kann nicht „gemacht", nicht imitiert oder übertragen werden. Neidischen Menschen, die gern unsere Freude und unseren Frieden besitzen möchten, können wir kein Rezept und keine Methode verraten, um sie herzustellen oder zu erwerben. Alles wird immer nur als Geschenk empfangen, auf das die einzig angemessene Antwort Dank ist.

Immer wenn wir aufrichtige Güte und Sanftmut erfahren, wissen wir: es sind Geschenke. Sobald wir sagen: „Nun, sie wird ja dafür bezahlt, daß sie freundlich zu uns ist", oder „Er macht uns nur schöne Worte, weil er irgend etwas von uns will", können wir diese Güte nicht mehr als Geschenk entgegennehmen. Wir leben davon, Geschenke zu empfangen und zu geben.

Das Leben verliert seine Dynamik und seine überströmende Fülle, wenn wir alles, was uns widerfährt, als das voraussagbare Ergebnis voraussagbaren Handlungen betrachten. Es verkommt zu einem Geschäft, zu einem ständigen Kaufen und Verkaufen, gleichgültig, ob es sich um materielle, ideelle oder geistliche Werte handelt. Ohne den Geist der Dankbarkeit verflacht unser Leben und wird stumpf und eintönig. Lassen wir uns jedoch immer wieder von neuen Offenbarungen des Lebens überraschen und hören nicht auf, zu lobpreisen und Gott und unseren Nächsten zu danken, dann können Routine und Eintönigkeit nicht um sich greifen. Dann werden alle Dinge des Lebens ein Grund, um Dank zu sagen. Fruchtbarkeit und Dankbarkeit können daher niemals voneinander getrennt werden.

Schließlich bedürfen Früchte der Pflege und Fürsorge. Um ein fruchtbares Leben zu führen, brauchen wir eine Umgebung, die uns vor Angst bewahrt und den zarten, verletzbaren Früchten in uns ein kraftvolles Gedeihen ermöglicht. Fürsorge bedeutet nicht Manipulation oder Kontrolle. Ein Keim wird niemals wachsen, wenn wir ihn täglich aus dem Erdreich herausziehen, um zu prüfen, welche Fortschritte er macht; ebensowenig werden die Früchte unseres eigenen Lebens und des Lebens anderer Menschen reifen, wenn wir jede Stufe ihrer Entwicklung kontrollieren wollten. Produkte bedürfen dauernder Instandhaltung, um Verschleiß zu vermeiden. Früchte indessen benötigen nur guten Boden, Wasser, Luft und Sonnenschein als hegende Umgebung zum Erblühen. Jesus sorgte sich zuinnerst um die Menschen, denen er begegnete. Er überwachte und beherrschte sie nicht, sondern erschloß ihnen durch seine Worte und Taten die Möglichkeit, neue Orientierung zu finden und neue Entscheidungen zu treffen.

Wenn die Angst keine Gewalt mehr über uns besitzt und wir die erste Liebe Gottes erfahren haben, brauchen wir nicht mehr von einem Augenblick auf den andern zu wissen, was geschieht. Wir können darauf vertrauen, daß Gutes geschieht, sofern wir in dieser Liebe verwurzelt bleiben. Alle echte Erziehung, Bildung und Heilung sind Möglichkeiten, die Früchte der Liebe wachsen und sich zu voller Reife entwickeln zu lassen. Jegliche Seelsorge ist aufmerksame Fürsorge für verletzbares Leben und dankbares Empfangen der Früchte in ihrer Vielfalt, durch die sie ihre Schönheit offenbaren.

Hier in der „Arche" kann ich die Schönheit des Fruchtbringens besser denn je sehen. Wenn wir im Haus der Angst leben, können wir uns schwerlich vorstellen, wie man behinderte Menschen ohne gesunden Verstand, ohne gesunden Körper, ohne einträglichen Beruf und ohne glückliches Familienleben als fruchtbar erkennen kann. Wer aber länger mit behinderten Menschen zusammengelebt hat, der hat ihre große Fruchtbarkeit durchaus sehen gelernt.

Ich erkenne hier, wieviel sie denen schenken, die fähig sind zu empfangen. Sie geben großzügig und ohne Zögern, sie geben ihr Herz. Was für uns „normale" Menschen oft hinter unzulässiger Vereinfachung, Voreingenommenheit und Befürchtungen verborgen bleibt, ist für Behinderte das nächstliegende Geschenk. Sie teilen ihre Liebe, ihre Freude, ihre Dankbarkeit – und ebenso ihre Bedrängnis, ihre Trauer und ihre Enttäuschung – mit einer solchen Unmittelbarkeit, daß wir herausgefordert sind, mit unserem Herzen darauf zu antworten. Sie verweisen uns auf unsere oft verborgenen Vorzüge und Schwächen und heilen uns, ohne es selbst zu wissen!

Schwer Behinderte nehmen oft die Stimmung ihrer Betreuer und die Atmosphäre in ihrem Heim mit geradezu bestürzender Feinfühligkeit wahr. Wenn Harmonie und Frieden im Hause walten, sind sie glücklich und zufrieden: liegen jedoch Konflikte und Spannungen in der Luft, nehmen sie sie häufig in sich auf und reagieren sie ab, bevor ihre Betreuer sie überhaupt zur Kenntnis nehmen. Sie sind wirkliche Barometer der jeweiligen menschlichen Verfassung. So sagte ein Betreuer: „Es ist nicht immer leicht, mit Menschen zusammenzuleben, die einem so unmittelbar seine eigenen Hochs und Tiefs deutlich machen."

Viele, die jahrelang mit Behinderten gearbeitet haben, werden voller Freude feststellen, daß sie mehr empfangen als gegeben haben. Sie werden sogar zugeben müssen, daß sie durch ihre Arbeit mit Behinderten sich selbst gefunden haben. Jean Vanier erzählte mir eine Begebenheit, die dies sehr schön verdeutlicht.

Vor ein paar Jahren machten Mitglieder der „Arche" eine Pilgerreise ins Heilige Land. Als sie auf dem streng bewachten Flughafen in Israel landeten, marschierte Jean Claude, einer der behinderten Männer, geradewegs auf die bewaffneten israelischen Soldaten zu, gab jedem die Hand und erzählte ihnen, wie glücklich er über die Ankunft im Heiligen Land sei! Sehr gebrochene Menschen machen es uns in der Tat oft möglich, unser wahres Ich zu erkennen, das sich hinter Uniformen und Gewehren versteckt. Sie vermitteln uns, daß wir wirklich Brüder und Schwestern sind und daß Rüstung und Waffen nichts darüber sagen, wer wir in Wahrheit sind.

Behinderte sind überaus verletzlich. Sie können ihre Gebrechen nicht verbergen und werden darum häufig Opfer von Mißhandlungen und Verspottung. Aber eben diese Verletzlichkeit läßt sie auch reiche Frucht in das Leben derer bringen, die bereit sind, sie anzunehmen. Behinderte sind dankbare Menschen. Sie wissen, daß sie von andern abhängig sind, und sie tragen ihre Abhängigkeit in jedem Augenblick zur Schau. Aber ihr Lächeln, ihre Umarmungen und Küsse schenken sie als spontanen Ausdruck des Danks. Sie wissen, daß wirklich alles nur Geschenk ist, wofür sie Dank schuldig sind. Es sind Menschen, die Fürsorge nötig haben. Wenn sie in Verwahranstalten eingeschlossen und als ein Niemand behandelt werden, ziehen sie sich zurück und können keine Frucht bringen. Sie werden von Ängsten überwältigt und verschließen sich andern gegenüber. Aber wenn ihnen ein sicherer Freiraum mit treu sorgenden Menschen gewährt wird, denen sie vertrauen können, werden sie bald großzügig Schenkende, die bereit sind, ihr ganzes Herz zu geben.

Behinderte Menschen helfen uns, das große Geheimnis der Fruchtbarkeit zu erfassen. Sie holen uns aus unserem ehrgeizigen, leistungsorientierten Leben heraus und erinnern uns daran, daß auch wir Behinderte mit dem Bedürfnis nach Liebe und Fürsorge sind. Sie geben uns auf vielerlei Weise zu verstehen, daß auch wir uns nicht wegen unseren Beeinträchtigungen ängstigen müssen, daß auch wir Frucht bringen können, so wie Jesus es tat, als er seinen geschundenen Leib seinem Vater hingab.

Fruchtbarkeit und Mission

Um ein vollständiges Bild von Fruchtbarkeit zu gewinnen, müssen wir auch auf ihre weltumspannende Dimension eingehen. Die Früchte des göttlichen Geistes – Freude, Frieden, Geduld, Freundlichkeit, Güte, Treue, Sanftmut und Keuschheit (Gal 5, 23) – dürfen nicht auf den zwischenmenschlichen Bereich eingeschränkt werden. Ihre Bedeutung und Wirkung überschreiten weit den engen Kreis von Freundschaft, Familie und Gemeinschaft. Sie tragen eine weltweite Dynamik in sich, die wir Mission nennen. Ebenso wie Solidarität aus echter Intimität erwächst, entspringt die Mission der Fruchtbarkeit.

Eines der eindeutigsten Merkmale des Lebens im Geiste Jesu besteht darin, daß wir immer ausgesandt sind, um allen Völkern und Nationen die Gaben Gottes zu bringen und sie von ihnen zu empfangen. Für eine geistliche Existenz ist es unmöglich, in das Haus Gottes einzutreten und dort der ganzen Menschheit zu begegnen, ohne davon zutiefst überzeugt zu sein, daß die Früchte des Geistes in einem weltweiten Prozeß von Geben und Nehmen wachsen und reifen.

Meine Besuche in Lateinamerika haben mir die Augen für diesen umfassenden Aspekt der Fruchtbarkeit geöffnet. Als ich zum erstenmal in den Süden reiste, hatte ich gegen Gefühle anzukämpfen, die der sterilen Welt unserer falschen Wertungen entspringen, und empfand das Bedürfnis, mich durch Produktivität und Leistungen zu beweisen. Mir war klar, daß wir Menschen der nördlichen Halbkugel, die in großem Wohlstand leben, aufgerufen sind, mit den Armen des Südens zu teilen. Ich sah den Mangel an materiellen Gütern, Ausbildung, medizinischer Versorgung und reagierte darauf mit dem lebhaften Wunsch, gegen all dies etwas zu unternehmen. Schnell aber merkte ich, daß das die Einstellung eines eilfertigen Problemlösers mit seinem ganzen „know-how" („Gewußt-wie") ist. Daran ist gewißt nichts Schlechtes, Armut zu lindern und sich für ein besseres Gesundheits- und Erziehungswesen einzusetzen. Wenn jedoch unser Hauptbeweggrund darin besteht, erfolgreiche Veränderungen herbeizuführen, können wir auf weite Sicht mehr Übles als Gutes stiften, denn der blinde Eifer für Veränderungen hat oft Gewalt im Gefolge.

Richten wir uns in erster Linie ganz auf die Früchte des Geistes, so werden wir rasch erkennen, daß sie ebenso spärlich und ebenso reichlich unter den Völkern Lateinamerikas bzw. des Südens zu finden sind wie unter den Völkern des Nordens. Man könnte sogar sagen, daß in Gesellschaftssystemen, in denen die Menschen so offensichtlich abhängig und verletzbar sind, Gottes fruchtbare Liebe sich oft mit größerer Selbstverständlichkeit offenbart. Nach wenigen Wochen in Lima in Peru war ich so tief beeindruckt von ihrem Charisma der Freude, des Friedens und der Milde – ungeachtet ihrer bitteren Armut –, daß mir klar wurde: ich bin gleichermaßen Empfangender wie Gebender. Vielleicht war es für mich wichtiger, von den Armen die vielfältigen Gaben, die ihrer Liebe entspringen, anzunehmen, als zu versuchen, mich in ihren Augen wichtig zu machen.

Uns jedenfalls fällt es schwer, die Rolle der Empfangenden zu akzeptieren. Wir sind so sehr davon

beherrscht, nützliche Projekte zu starten, unergie-
bige Methoden zu verändern und brennende Probleme zu lösen, daß ein tiefgreifender Wandel der
Herzen und der Gesinnung notwendig ist, um Emp-
fangende zu werden. Es fällt uns manchmal schwer,
zu glauben, daß Gott die Menschen Südamerikas genauso liebt wie uns und daß seine Liebe dort ebenso
fruchtbringend ist wie irgendwo sonst.

Wenn wir ganz klar erkennen, daß wir alle Brüder
und Schwestern im Hause Gottes sind – unabhängig
von Rasse, Religion oder Nationalität –, dann begreifen wir, daß es vor Gott keinen Unterschied zwischen
Besitzenden und Besitzlosen gibt. Wir alle haben etwas zu geben und sind andrerseits darauf angewiesen, etwas zu erhalten. Ich komme immer mehr zu
der Überzeugung, daß eine der wichtigsten missionarischen Aufgaben darin besteht, die Charismen des
Lebens der Armen, der Unterdrückten und der Leidenden als Gnadengaben zur Rettung der Reichen
anzunehmen.

Es ist eine Tragödie der Geschichte, daß wir mehr
Eifer an den Tag gelegt haben, die materiellen
Früchte der Arbeit dieser Armen zu stehlen, als
uns die geistlichen Früchte ihres Lebens schenken
zu lassen. Der verächtliche Ausdruck „Bananenre-
publik" vermag, uns dies ins Gedächtnis zu rufen.

Wir, die wir in der Illusion von Herrschaftsdenken
und satter Selbstzufriedenheit befangen sind, müssen echte Freude, Frieden, Vergebung und Liebe von
unseren armen Brüdern und Schwestern lernen.
Martin Luther King jun. sah es als ebenso wichtig für
die Schwarzen in den Vereinigten Staaten an, die

Weißen zu bekehren wie die gleichen Rechte zu er-
kämpfen. Und genauso notwendig ist es für die Reichen, sich von den Armen bekehren zu lassen, wie
ihren Wohlstand mit ihnen zu teilen. Solange wir immer nur geben wollen und es ablehnen, etwas anzunehmen, verraten wir nur unsere Gier, um jeden
Preis an der Macht zu bleiben. So bleiben wir im
Haus der Angst gefangen.

Einmal feierte ich die Eucharistie für einen acht-
zehnjährigen jungen Mann, Antonio, der bei einem schweren Unfall ums Leben gekommen war.
Nach dem Gottesdienst ging ich an die Kirchentür,
um Antonios Mutter mein Beileid auszusprechen.
Dabei war ich aber so sehr damit beschäftigt, die
richtigen Worte für meine Empfindungen zu suchen, daß ich zu Boden schaute und kaum wagte,
die Mutter und die anderen, die bei ihr waren, anzusehen. Schließlich stammelte ich in meinem
schlechten Spanisch: „Ich fühle aufrichtig den bitteren Verlust mit, den Sie erlitten haben. Ich finde
keine passenden Worte für Sie, aber ich hoffe, Sie
verstehen, daß ich an Ihrem Schmerz teilnehme."
   Meine Worte kamen zögernd und unsicher.
„Danke, Pater, vielen Dank für die wunderbare
Meßfeier ... Bitte, kommen Sie mit uns nach
Hause und essen Sie mit uns?" Ich verstand ihre
Worte nicht ganz und wiederholte: „Ich empfinde
zutiefst den Verlust Ihres Sohnes mit." – Sie aber
sagte noch einmal: „Haben Sie Dank für die Meßfeier, und kommen Sie, um mit uns zu essen." Als
ich immer noch nicht begriff und die Augen nie-
dergeschlagen hielt, trat sie näher heran, richtete

mich gerade auf, blickte mir in die Augen und sagte freundlich: „Seien Sie nicht so traurig, Pater. Wissen Sie nicht, daß Gott unseren Antonio liebt, daß Gott ihn uns für einige Jahre geschenkt hat und ihn nun im Himmel haben möchte?" Wir sind dankbar, daß er bei uns gewesen ist, und wir sind ebenso dankbar, daß er nun für immer bei Gott sein darf. Auch Ihnen sind wir dankbar. Gott liebt uns alle und trägt Sorge für uns alle. Bitte, kommen Sie und essen Sie mit uns."

Während ich zuhörte, sah ich ihre Eltern und Geschwister, ihre anderen Söhne und Töchter und all ihre Enkelkinder um sie her stehen und mich mit weit geöffneten Augen anschauen und sagen: „Ja, Pater, ja! Sie hat recht, kommen Sie und seien Sie unser Gast." Da spürte ich, daß diese betrübte Frau, umgeben von denen, die sie liebten, mir die Frucht ihrer Trauer darreichte: Vertrauen auf Gott, Dankbarkeit, Freundlichkeit und Fürsorge. Sie war in gleichem Maße zu mir gesandt wie ich zu ihr. Sie diente mir ebenso wie ich ihr. Sie schenkte mir ein Wort des Trostes und der Stärke, das nur sie sprechen konnte, da sie so viel gelitten hatte.

Ich begriff, daß diese Frau stellvertretend für zahllose Männer und Frauen Lateinamerikas da stand. Sie forderte uns Menschen des Nordens, die wir so viel besitzen, so viel wissen und so viel leisten können, dazu auf, die Früchte ihres eigenen Ringens und Leidens anzunehmen und zu uns heimzutragen, damit auch wir gedeihen können.

Wie anders sähe unsere Welt aus, wenn unser ganzes Sinnen und Trachten darauf gerichtet wäre, die

Früchte der Liebe von den Armen und Unterdrückten anzunehmen. Wir sind ständig in der Versuchung, die armen Länder als fruchtbaren Boden für Atheismus und Kommunismus anzusehen und sie für eine Bedrohung unserer nationalen Sicherheit zu halten. Wir verharren im Haus der Angst, solange wir Armeen aufstellen und Panzer, Unterseeboote und Raketen produzieren. Und je besessener wir diese Dinge herstellen, um so schwieriger wird es für uns, noch ein Auge für die Früchte zu haben, die wir doch ernten sollen.

Wie wäre es, wenn wir unsere Nachbarn im Süden zu allererst einmal als Menschen betrachteten, die mit großer Andacht beten, die ihre Kinder und Familien von Herzen lieben, die wunderschöne Gedichte schreiben und die vom Geist der Freude und der Dankbarkeit erfüllt sind? Würden wir dann diese Charismen nicht freudig annehmen, wir, die zu geschäftig sind, um zu beten, zu einsam, um unsere Familien zusammenzuhalten, zu nüchtern für Poesie und zu sehr mit uns selbst befaßt, um Freude und Dank zu empfinden?

Wenn unser größtes Anliegen wäre, die Gaben der innigen Liebe Gottes, die er allen Völkern zugedacht hat, untereinander auszutauschen – ja, dann wäre der Frieden nahe. Nur wenig ist von diesem Frieden in unserer Welt zu sehen, aber wo immer Menschen das Haus der Angst verlassen und endlich beginnen, ihre Gaben im Haus der Liebe miteinander zu teilen, da ereignet sich wirkliche Mission, und da nimmt Friedenstiften seinen Anfang.

Zusammenfassung

Fruchtbarkeit schafft Leben. Gott ist ein Gott der Lebenden, und wo immer Gottes liebende Gegenwart erkannt wird, da sehen wir Leben hervorbrechen. Beides, Sterilität, Unfruchtbarkeit und Produktivität, Leistungsbesessenheit tragen den Keim des Todes in sich. Fruchtbarkeit bedeutet immer neues Leben – Leben, das sich in ursprünglicher, junger, einzigartiger Weise bekundet: in einem Kind, einem Gedicht, einem Lied, in einem freundlichen Wort, einer zärtlichen Umarmung, einer fürsorglichen Hand oder in neuer Gemeinschaft unter den Völkern.

Leben aber will gefeiert werden. Ohne den Glanz des Festes kann kein Leben erblühen. Das führt uns zum dritten Wesensmerkmal im Haus der Liebe: das ist die Ekstase.

III. Ekstase

Einführung

Das dritte Merkmal des Lebens im Haus der Liebe ist Ekstase. Das mag zunächst überraschen. Wenn wir an Ekstase denken, sind wir geneigt, uns Mystiker in einem Zustand geistlicher Entrückung vorzustellen. Wir betrachten solche Zustände offenbar als Ausnahme, die wenigen Glücklichen – oder Unglücklichen! – vorbehalten ist. Aber ich halte es für sehr wichtig, das Wort „Ekstase" für alle Christen in Anspruch zu nehmen, die danach streben, aus dem Haus der Angst in das Haus der Liebe zu gelangen. Nachdem Jesus über Intimität und Fruchtbarkeit gesprochen hatte, sagte er zu seinen Jüngern: „Dies habe ich euch gesagt, damit meine Freude in euch sei und damit eure Freude vollkommen werde" (Joh 15, 11). „Vollkommene Freude" ist der Lohn vertrauten und fruchtbaren Lebens im Hause Gottes. Und Ekstase ist eben diese vollkommene Freude, eine Freude, die nicht wenigen Mystikern vorbehalten, sondern allen Glaubenden zugesagt ist.

Wir leben in einer freudlosen Zeit. Wenn Heimatlosigkeit und Zweifel an unserer Fähigkeit, Leben zu schenken, zwei der Hauptgründe für das Leiden in unserer Welt sind, so ist Freudlosigkeit eines der hervorstechendsten Zeichen dieses Leidens. Zudem wird über die Freude, welche die Menschen *doch* erfahren, selten gesprochen.

Ich erinnere mich lebhaft, wie einer meiner Universitätslehrer ein ganze Jahr lang über die Angst im menschlichen Leben sprach. Er erläuterte in allen Einzelheiten die Gedanken von Kierkegaard, Sartre, Heidegger und Camus und gab eine beeindruckende Darstellung von der Anatomie der Angst. Eines Tages, gegen Ende des Semesters, fanden ein paar Studenten den Mut, ihn zu unterbrechen und ihn zu bitten, ein wenig über die Freude zu sprechen, bevor der Kurs zu Ende sei. Zuerst war er verblüfft, aber dann versprach er, den Versuch zu machen. In der nächsten Stunde begann er zögernd über Freude zu sprechen. Seine Worte klangen weniger überzeugend und eher vorantastend, als wenn er über Bedrängnis und Angst sprach. Nach zwei weiteren Stunden schließlich sagte er uns, daß er mit seinen Gedanken über Freude am Ende sei und seinen unterbrochenen Gedankengang fortsetzen wolle. Diese Begebenheit beeindruckte mich sehr, zumal ich meinen Lehrer sehr schätzte. Ich fragte mich, warum er nicht vermochte, mit derselben Beredsamkeit über die Freude zu sprechen wie über die Angst.

Freude ist schwerer auszudrücken als Traurigkeit. Anscheinend haben wir mehr Wörter für Krankheit als für Gesundheit, mehr für unnormale als für normale Lebensbedingungen. Wenn mein Bein weh tut, mein Kopf schmerzt, meine Augen brennen oder mein Herz sticht, spreche ich darüber, und zwar oft sehr ausführlich; wenn ich mich aber rundum gesund fühle, habe ich wenig oder nichts über Körperteile zu sagen.

Heißt das, daß es im Leben weniger Freude als Traurigkeit gibt? Vielleicht. Aber es ist auch möglich, daß Freude wirklich ein fundamentalerer, vertrauterer, „normalerer" Zustand ist als Traurigkeit und Schmerz und darum schwerer zu artikulieren. Worte über Freude klingen häufig abgedroschen, oberflächlich oder sentimental und scheinen uns selten so tief zu berühren wie Worte über Bedrängnis, Angst und Schmerz. Sie erreichen anscheinend selten den eigentlichen Grund und Ursprung.

Für Jesus ist Freude ganz eindeutig ein tieferer und wahrhaftigerer Zustand als Traurigkeit. Er verheißt Freude als das Zeichen neuen Lebens.

„Ihr werdet traurig sein, aber eure Traurigkeit wird sich in Freude verwandeln. Wenn eine Frau gebiert, leidet sie Not, weil ihre Stunde gekommen ist. Aber wenn sie das Kind geboren hat, denkt sie nicht mehr an ihre Not in der Freude darüber, daß ein Mensch zur Welt gekommen ist. So seid auch ihr jetzt traurig, aber ich werde euch wiedersehen, und eure Freude wird niemand von euch nehmen" (Joh 16,20b–22).

Jesus stellt einen Zusammenhang her zwischen Freude und der Verheißung, ihn wiederzusehen. In diesem Sinn gleicht sie jener Freude, die wir empfinden, wenn ein lieber Freund nach langer Abwesenheit zurückkehrt. Aber Jesus stellt auch klar, daß Freude mehr ist als das. Es ist „seine eigene Freude", die aus der Liebe hervorströmt, die ihn mit seinem himmlischen Vater verbindet, und die zur ganzen Fülle kommt. „Bleibt in meiner Liebe ..., damit meine

Freude in euch sei und eure Freude vollkommen werde (Joh 15,9 b.11).

Das Wort „Ekstase" hilft uns die Freude besser zu begreifen, die Jesus schenkt. Die wörtliche Bedeutung kann hilfreich sein, unsere Gedanken über Freude zu lenken. „Ekstase" kommt vom griechischen „ekstasis", was sich herleitet von „ek", das heißt „aus" und „stasis" d. h. „Stillstand". Ekstatisch sein heiß demnach wörtlich: sich außerhalb eines Ruhezustands befinden. Wer ekstatisch lebt, strebt also immer weg von starr verfestigten Zuständen und erforscht neue, nicht vorgezeichnete Dimensionen der Wirklichkeit. Daran erkennen wir das Wesen der Freude. Freude ist immer neu. Während es alten Schmerz, alten Gram, alte Sorgen gibt, gibt es keine alte Freude. Alte Freude ist gar keine Freude! Freude ist stets mit Bewegung, Erneuerung, Neugeburt, Wandel, kurz, mit Leben verbunden.

Freude ist ihrem Wesen nach ekstatisch, weil sie vom Reich des Todes, das starr und verhärtet ist, wegstrebt und hindrängt zum Reich des Lebens, das neu und voller Überraschung ist. „Gott ist kein Gott der Toten, sondern der Lebendigen" (Matth 22,32). In Gott gibt es nicht den kleinsten Schatten von Tod. Gott ist reines Leben. Darum ist Leben im Hause Gottes Leben im Zustand andauernder Ekstase, in der wir ununterbrochen Freude darüber empfinden, daß wir leben.

In diesem Abschnitt möchte ich etwas näher auf die Bedeutung der Ekstase für unser Leben eingehen. Zuerst will ich zeigen, daß Angst und Ekstase nicht miteinander bestehen können. Dann werde ich versuchen darzulegen, wie Ekstase zu einem Freuden fest im Hause der Liebe wird. Schließlich werde ich die globale Dimension der Ekstase erörtern, indem ich sie als den Weg zu einer neuen internationalen Lebensordnung darstelle.

Ekstase und Angst

Wie die Angst Intimität und Fruchtbarkeit verhindert, so macht sie auch Ekstase unmöglich. Wenn wir sagen: „Wir waren außer uns, waren in Ekstase, als wir diese Berge sahen", dann rufen wir uns einen von Angst freien Augenblick ins Gedächtnis zurück, einen Augenblick, in dem wir ganz und gar empfänglich waren für die Schönheit, die uns umgab. Der ekstatische Augenblick ist gerade der, in dem wir die Eingenommenheit von uns selbst verlieren und aus uns herausgerissen werden in eine neue Wirklichkeit.

Im Haus der Angst gibt es keinen Raum für Ekstase. Angst bringt uns dazu, daß wir uns entweder krampfhaft an das Vertraute, Gewohnte klammern oder, im Falle beklemmender Angst, uns ziellos zerstreuen. In unserer angstbeherrschenden Zeit sind diese Reaktionen – starre Gewöhnung und Entwurzelung – deutlich sichtbar.

Gewöhnung vermittelt ein Gefühl der Gleichförmigkeit und Vertrautheit, wodurch Angst zeitweise gelindert werden kann. Oft reden, denken und handeln wir routinemäßig, schablonenhaft, um Auswirkungen zu vermeiden, die Angst auslösen könnten. Gewohnheiten sind voraussagbar und wiederholbar und bergen keine Überraschungen in sich. All solche

Redensarten wie „so macht man das hier" oder „so war es immer schon" oder „ich bin an diese Methode gewöhnt" oder „ich habe immer schon erfahren, daß ..." verweisen auf starre und somit tötende Gewohnheiten. Manchmal nehmen Gewohnheiten die Form komplizierter Rituale an. Vor dem Schlafengehen möchten häufig kleine Kinder, daß ihre Eltern ein bestimmtes Zeremoniell absolvieren, um ihnen ein Gefühl der Sicherheit zu geben. Eine Geschichte, ein Gebet, ein Gute-Nacht-Kuß oder ein Wiegenlied können Teil eines solchen Rituals zur Schlafenszeit werden, um die „Geister" der Dunkelheit zu vertreiben. Oft kann ein Kind unerbittlich sein, was die gleiche und richtige Reihenfolge dieser Dinge betrifft.

Aber Kinder sind nicht die einzigen, die solche Gewohnheiten entwickeln. Wir alle unterliegen ihnen in einem gewissen Maß. Unsere Rituale können so einfache Dinge sein wie etwa die Art und Weise, in der wir den Tag beginnen, Gäste empfangen, eine Unterhaltung führen oder eine Mahlzeit zubereiten und einnehmen. Sie können so differenziert sein wie unsere politische Einstellung, unser Verhältnis zur Kirche, unsere Art, Festtage zu begehen, über den Tod zu sprechen oder auf eine Krise in unserem Leben zu reagieren.

Es wäre zu einfach, all diese Gewohnheiten als Ausdruck der Angst anzusehen. Viele von ihnen sind hilfreich, um unser Leben in geordneten Bahnen zu halten und mit anderen Menschen Umgang zu pflegen. Wenn jedoch routinemäßiges Verhalten unser tägliches Leben allmählich beherrscht und wenn Vorschläge für Veränderungen heftigen Widerstand aus lösen, dann hat die Angst die Wurzeln unseres Daseins zu vergiften begonnen.

In der „Arche" ist gut zu beobachten, wie Gewohnheiten dazu dienen, mit der Angst umzugehen. Ich war sehr beeindruckt, als einmal ein dreißigjähriger geistig behinderter Mann mir in allen Einzelheiten auseinandersetzte, wie er seine Arbeit in der Werkstatt durchführe. Als ich aber einer der Betreuerinnen gegenüber meine Begeisterung zeigte, sagte sie: „Diese Geschichte erzählt er allen Neuankömmlingen im Hause. Es ist seine Art, mit Fremden umzugehen. Wir versuchen ihm zu helfen, seine Angst allmählich abzubauen und ihm stoff für ein paar neue Geschichten zum Erzählen zu geben." Als ich das hörte, ging mir plötzlich auf, wie sehr dieser Behinderte mir ähnlich war. Ich habe vielleicht mehr als eine Geschichte, um meine Ängste zu lindern, aber Menschen, die mich gut kennen, sagen oft: „Komm bloß nicht wieder mit dieser Geschichte!" Anscheinend habe auch ich meine kleinen „Erfolgsgeschichten", um meine Ängstlichkeit loszuwerden und ein gewisses Maß von Angenommensein zu erreichen.

Je stärker die Angst, um so starrer wird das schablonenhafte Verhalten. Wenn unsere Umgebung bei uns Beklommenheit hervorruft, klammern wir uns häufig an vertraute Denk- und Handlungsmuster.

Ich las einmal eine Geschichte von zwei Männern, die beschlossen hatten, den Atlantik in einem Ruderboot zu überqueren. Mitten auf der Fahrt verloren sie die Orientierung und erfaßte sie Angst. Die einzige Möglichkeit, sich dagegen zu wehren, mitten auf dem grenzenlosen Ozean wahnsinnig zu werden, bestand darin, eine „geistige Spielregel" aufzustellen, ein ganz strenges tägliches Programm. Sie ließen keine einzige Minute ungeplant. Sie legten sogar ihre Gesprächsthemen und ihre Gesprächsmethode fest. Eine Stunde war für den Austausch persönlicher Geschichten bestimmt, eine andere, um über Kunst zu reden, wieder eine andere für wissenschaftliche Diskussion. So waren sie dagegen gefeit, ihre geistigen Maßstäbe zu verlieren, und waren imstande, normal zu bleiben, bis ein vorüberfahrendes Schiff sie entdeckte und an Bord nahm.

Es ist nicht verwunderlich, daß viele Menschen stark von solchen Gemeinschaften angezogen werden, in denen das Leben in hohem Maße strukturiert und das Denken in bestimmten Bahnen klar festgelegt ist. Ihre tiefsitzenden Ängste machen sie dazu bereit, Freiheit zu opfern für Sicherheit.

Jesus begegnete diesem festgefahrenen Verhalten in Gestalt der Gesetzesfrömmigkeit. Seine Auseinandersetzungen über das Sabbatgebot sind treffende Beispiele dafür. Als er den Blindgeborenen an einem Sabbat heilte, riefen die Pharisäer: „Dieser Mann kann nicht von Gott kommen. Er hält ja den Sabbat nicht!" (Joh 9,16). Und als er ebenfalls an einem Sabbat eine gelähmte Frau heilte, sagte der Synagogenvorsteher zu den Leuten: „Sechs Tage gibt es, an denen man arbeiten soll: an diesen kommt und laßt euch heilen, aber nicht am Sabbat" (Lk 13,14).

Obwohl Jesus tiefe Ehrfurcht vor der Beobachtung

des jüdischen Gesetzes bekundete, griff er einen Legalismus an, der von Angst und Macht bestimmt war, und machte deutlich, daß das Gesetz immer im Dienst des göttlichen Werkes der Liebe stehen muß.

Der Psychologe Erwin Goodenough betrachtet Legalismus als eine der Trennwände, die zwischen uns und dem Göttlichen stehen, das wir als so faszinierend und bedrohend wie die Sonne ansehen. Auf diese Wand, so meint er, zeichnen wir bestimmte Verhaltensmuster, die uns helfen, in Beziehung zum Göttlichen zu treten, während sie uns gleichzeitig auf sicheren Abstand zu ihm halten. Wir sind versucht, diese von uns selbst aufgestellten Verhaltensmuster mit göttlicher Macht auszustatten, und wir verehren sie anstatt Gott, zu dem sie eigentlich nur einen Zugang ermöglichen sollen. Goodenough nennt Jesus einen Überwinder des Legalismus, der nicht zuläßt, daß wir Gott auf unsere menschlichen Ängste herabziehen und einengen, und der einen neuen, angstfreien Weg zeigt, um mit dem Göttlichen in Gemeinschaft zu treten (vgl. E. R. Goodenough, The Psychology of Religious Experience, New York).

Gewohnheit und Routine haben einen bestimmten Platz in unserem Leben. Sie bieten uns auch eine gewisse Sicherheit und Bequemlichkeit, aber wenn sie für uns zur entscheidenden Richtschnur werden, lassen sie uns erstarren, ja, absterben. Ohne Ekstase in irgendeiner Gestalt können wir nicht sehr lange am Leben bleiben.

Angst indessen führt nicht nur zu schablonenhaftem Verhalten. Sie kann uns auch zum direkten Gegenteil bringen, zur Entwurzelung. Angst kann uns zu Wanderern werden lassen, die ohne Richtung und Ziel umherirren. Unsere Emotionen und Gefühle werden dann wie ein reißender Fluß, der sein Bett verläßt und das Land verwüstet, anstatt es zu bewässern. Ausbrechen, Selbstverstümmelung, wirres Reden, Weglaufen, zielloses Umherirren – dies alles können Reaktionen auf eine Angst sein, die zu groß geworden ist, als daß wir ihr ins Auge zu blicken vermöchten.

Als Jesus die furchtbaren Zeichen schilderte, die dem Kommen des Gottessohnes vorausgehen, warnte er seine Jünger, nicht mit von Ausschweifung, Trunkenheit und irdischen Sorgen beschwerten Herzen entsetzt und ziellos hierhin und dorthin zu laufen. Er ermahnte sie eindringlich, auszuharren und unaufhörlich um die Kraft zu beten, all diese Ereignisse zu überstehen und fest im Glauben vor dem Menschensohn zu bestehen (vgl. Lk 21,34–36).

In „La Forestière", einem der Häuser der „Arche" in Frankreich, wo schwer behinderte Menschen leben, sah ich, wie Angst zuweilen ihren Audruck in Selbstverstümmelung findet. Die Betreuer haben alle Hände voll zu tun, um die Männer und Frauen, von denen die meisten nicht sprechen, gehen, allein essen und sich selbst anziehen können, davor zu schützen, daß sie sich selbst Schaden zufügen. Edith zum Beispiel schlägt oft mit dem Kopf gegen harte Gegenstände. Ich sehe sie selten ohne Verbände, die ihre sich selbst zugefügten Wunden bedecken und sie davor bewahren, sich noch mehr zu verletzen.

Es ist schwer zu ergründen, was in den Herzen dieser Menschen vorgeht, die nur äußerst begrenzte Möglichkeiten der Kommunikation haben; aber das bloße Zusammensein mit ihnen läßt mich eine existentielle Angst vermuten, die unser noch so mitfühlendes Verstehen weit übersteigt. Die Bedrängnis dieser gebrochenen Menschen vermittelt uns eine Ahnung von der Todesangst Jesu im Garten Gethsemane. Ihre Angst deutet auf eine grenzenlose Einsamkeit hin, die niemand durchbrechen kann, eine Ungeborgenheit, die nach mehr verlangt als einem fürsorgendem Freund und einem gastlichen Haus, eine Entwurzelung, die Abgründe menschlicher Verzweiflung bloßlegt. Das einzige, was man tun kann, ist, einfach da zu sein, ohne irgendeine Veränderung zu erwarten, sondern ihnen in liebender Ehrfurcht zur Seite zu stehen in ihrer grenzenlosen kreatürlichen Angst, die Jesus mit uns zu tragen kam – bis an das Kreuz und darüber hinaus.

Und dennoch – selbst in „La Forestière" gibt es Freude und Frieden. Auf irgendeine geheimnisvolle Weise bilden die Behinderten und ihre Betreuer eine Gemeinschaft der Liebe, die stärker ist als die Todesängste der Bewohner. Ich sehe darin einen Ausdruck der Gegenwart Gottes, in der beides, Glück und Traurigkeit, umfangen und überschritten wird. Das hat etwas mit dem Kreuz zu tun, das für sie ein Zeichen der Hoffnung geworden ist. Wurzeln gibt es trotz allem noch. Wurzeln jenseits aller Entwurzelung.

Entwurzelung kann ebenso wenig zur Freude führen wie ein von starren Formen bestimmtes Verhalten. Ohne einen Ort, an dem wir ein und aus gehen können, ein Zuhause, wohin wir gehören, kann jede Bewegung leicht zu einer panischen Flucht werden, die ins Nichts führt. Wurzellosigkeit und Ziellosigkeit sind eng miteinander verbunden. Menschen, die die Berührung mit ihrem Wurzelgrund verloren haben, sind auch in Gefahr, ihren Orientierungssinn zu verlieren. Das ist ganz verständlich, weil Verwurzelung uns Zeit, Raum und Zusammenhang gewährt, innerhalb dessen wir neue Lebensmöglichkeiten suchen können. Man kann schwerlich seinen eigenen Platz in dieser Welt suchen, wenn man sich kaum oder gar nicht erinnern kann, daß man sich überhaupt jemals hier zu Hause gefühlt hat. Viele junge Männer und Frauen, die jegliche Motivation, Geist und Herz zu entwickeln, verloren haben, besitzen wenig Sinn für ein Zuhause. Wenn die Welt ein Ort voller Ängste ist, an dem man alle gefühlsmäßigen Energien zum bloßen Überleben braucht, dann hat man wenig Spielraum, um von einer Art und Weise zu leben zu einer anderen überzuwechseln.

Nachdem ich einige Monate in Peru gelebt hatte, war ich betroffen von der Freudlosigkeit meiner nordamerikanischen Freunde. Obwohl sie keinen Mangel an Nahrung, Kleidung, Wohnung und medizinischer Betreuung litten und obwohl sie mehr Bildungsmöglichkeiten besaßen, als die meisten Peruaner jemals haben werden, gingen diese jungen Leute einher, als ob die ganze Last der Welt auf ihre Schultern gelegt wäre. Sie alle sahen schwer beschäftigt aus mit vielerlei Problemen, so als wären sie für alle größeren Belange verantwortlich, die unsere Welt plagen. Ihre Worte waren bedrückt, ihre Gedanken düster, ihre Gefühle melancholisch, ihre Lebensaussicht pessimistisch und ihre Selbsteinschätzung sehr schwach. Nur wenige fühlten sich zu Hause in ihrer eigenen Welt. Oft litten sie unter gespannten Verhältnissen innerhalb ihrer Familie, hatten große Schwierigkeit, enge Beziehungen zu ihresgleichen zu knüpfen und hegten feindselige Gefühle gegenüber Autoritätspersonen. Oft fühlten sie sich in ihrem eigenen Haus nicht wohl. Sie waren in vieler Hinsicht entfremdet – Fremde gegenüber ihrer Vergangenheit, ihrer Gegenwart und ihrer Zukunft: kein Zuhause, von wo sie kamen, kein Zuhause, wohin sie gingen, keine wirkliche Bewegungsfreiheit, kein wirkliches Leben, keine wirkliche Freude. Als ich diese tiefe Unzufriedenheit bei meinen ehrgeizigen, erfolgreichen Freunden sah und spürte, war ich noch mehr erschüttert über die ungeheure geistige Krise unserer „Ersten Welt".

Ekstase und Liebe

Freude als Ekstase ist kein gelunges Mittelding zwischen Routine und Entwurzelung. Freude bricht aus einer göttlichen Quelle in unser Leben ein, sie findet sich nicht im Lager der Angst, wo starre Gewohnheit und Entwurzelung hausen. Gewiß werden viele Versuche unternommen, um Freude zu produzieren: vergnügte Stunden, Empfänge und Überraschungsparties sind in unserer Gesellschaft an der Tagesordnung. Aber sind solche „Produktionen" nicht nur Versuche, eine Atmosphäre zu schaffen, in der wir für ein paar Stunden die Vergangenheit vergessen und die Zukunft verdrängen können, während wir

an den Fundamenten unseres von Traurigkeit beschwerten Daseins doch nichts ändern? Man wendet
viel Geld und Kraft dafür auf, die Leute froh und ent-
spannt zu machen, indem man ihnen einen Augenblick künstlicher Seligkeit anbietet. Diese Art von
Glück ist nach dem gleichen Muster ausgedacht wie
das besondere Mahl, das man einem Todeskandida-
ten vor der Hinrichtung gewährt. Es schmeckt gut,
hält ihn aber nicht am Leben.
Viele Menschen glauben kaum noch an die Möglichkeit eines von echter Freude erfüllten Lebens. Sie haben ihr Leben als ein Gefängnis mehr oder weniger
akzeptiert und sind dankbar für jede Gelegenheit, die
die Illusion des Gegenteils erzeugt: eine Kreuzfahrt,
ein spannender Roman, eine sexuelle Erfahrung oder
ein paar Stunden in einem gehobenen Bewußtseins-
zustand. Das ist Glückseligkeit im Haus der Angst,
eine Art von Glücklichsein, das „aus dieser Welt
stammt", weshalb es weder von Dauer ist noch wirkliche Befriedigung verschafft.

In unserer säkularisierten westlichen Gesellschaft
bietet Weihnachten eine gute Gelegenheit, dieses
trügerische Glück zu erfahren, das eine kurze Un-
terbrechung in unser angsterfülltes Leben bringt.
Für viele ist Weihnachten nicht mehr der Tag, an
dem wir das Geheimnis der Geburt Gottes unter
uns feiern, der sich in die Verwundbarkeit der
Menschheit hineinbegibt. Es ist nicht mehr der Tag
des Kindes, den man mit Gebeten und in Bußge-
sinnung erwartet, den man mit wacher Aufmerksamkeit begeht und dessen man in feierlichen
Liturgien, mit frohen Liedern und einem friedli-

chen Mahl in der Familie gedenkt. Statt dessen ist
Weihnachten zu einem Termin geworden, an dem
Firmen ihren Kunden aufwendige Geschenke
schicken, um ihnen für ein gutes Geschäft zu danken, an dem die Postämter Überstunden machen,
um eine Unmenge von Grußkarten zu befördern,
an dem ungeheure Geldsummen für Essen und
Trinken ausgegeben werden und gesellschaftliche
Veranstaltungen den ganzen Tag ausfüllen. Es gibt
geschmückte Bäume und Straßen, liebliche Klänge
in den Supermärkten und Kinder, die ihre Eltern
bestürmen: „Ich möchte dies und ich möchte das
haben!" Oberflächliches Vergnügen geschäftiger
Leute füllt jenen Raum aus, der eigentlich dazu bestimmt ist, die tiefe, dauerhafte Freude des Emma-
nuel, des Gott-mit-uns, zu erfahren.

Die Freude, die Jesus seinen Jüngern verheißt, ist
seine eigene Freude. Sie entspringt seiner innigen
Gemeinschaft mit dem Einen, der ihn gesandt hat. Es
ist eine Freude, die keine Trennung kennt zwischen
glücklichen und traurigen Tagen, erfolgreichen Au-
genblicken und solchen des Scheiterns, hohen Eh-
rungen und Mißachtung, Passion und Auferstehung.
Diese Freude ist ein göttliches Geschenk, sie verläßt
uns auch nicht in Zeiten der Krankheit, der Armut,
der Unterdrückung oder Verfolgung. Sie ist selbst
dann noch gegenwärtig, wenn die Welt spottet, fol-
tert, raubt, verstümmelt, kämpft und tötet. Sie ist
wahrhaft ekstatisch, entreißt uns immer wieder dem
Haus der Angst und führt uns in das Haus der Liebe,
verkündet ohne Unterlaß, daß der Tod nicht mehr
das letzte Wort hat, obwohl sein Lärmen schrill bleibt

und seine Verwüstungen ins Auge springen. Die Freude Jesu erhebt das Leben zu einem Fest.

Feier und Fest sind die Worte, die hier wirklich zutreffen. Die göttliche, begeisterte Freude im Haus der Liebe wird offenbar im Feiern. Feiern kennzeichnet das Leben eines Jüngers Jesu wie auch das Leben seiner neuen Gemeinde. Der Jünger läßt das alte Leben hinter sich und macht sich auf die Suche nach einem neuen. Die Gemeinde ist *ec-clesia*, ein Volk, das „herausgerufen" wurde aus dem Land der Knechtschaft in das Land der Freiheit. Für jeden einzelnen Jünger wie für die ganze Gefolgschaft schließt Nachfolge des Herrn die Feier ein, die fortwährende, unaufhörliche rühmende Erhöhung der Liebe Gottes, die sich als siegreich erwiesen hat. Feier und Fest sind der konkrete Weg, Gottes ekstatische Freude unter uns sichtbar werden zu lassen.

Es ist wichtig, den Begriff „Feier" als eines der Schlüsselbegriffe christlichen Lebens festzuhalten. Diese Feier ist nicht irgendeine Fete zu einer besonderen Gelegenheit, sondern die ständige Gewißheit, daß jeder Augenblick außerordentlich und preiswürdig ist und als ein Segen des Himmels betrachtet werden muß. Da ist Weihnachten, Ostern, Pfingsten, da sind die vielen Festtage der Heiligen. Es gibt zahllose Geburtstage, Jahrestage, Gedenktage. Sodann gibt es die Tage des Willkommens und des Abschieds, Tage, an denen wir Gäste empfangen und Freunde besuchen, ein Unternehmen beginnen oder beenden, Tage der Aussaat und der Ernte, Anfang und Ende der verschiedenen Jahreszeiten.

Aber auch diese Zeitpunkte schöpfen noch nicht die ganze Sinnfülle des Feierns aus. Die Feier erhebt nicht nur die glücklichen Zeitspannen, sondern auch die traurigen. Weil die ekstatische Freude das *ganze* Leben erhöht, scheut sie nicht vor den schmerzlichen Stunden des Versagens, des Abschieds und des Todes zurück. Im Haus der Liebe wird selbst der Tod gefeiert, nicht weil er an sich wünschenswert oder anziehend ist, sondern weil im Angesicht des Todes das Leben als Sieger ausgerufen werden darf.

Hier in der „Arche" sehe ich bei den Behinderten viel Leid, Einsamkeit, Zorn, Frustration, tiefe Verängstigung und herzzerreißende Ohnmacht. Es ist allzu augenfällig, als daß all dies hinter den Abschirmungen von Höflichkeit und gesittetem Verhalten verborgen bleiben könnte. Man muß dem Elend offen und unverhüllt ins Auge blicken. Aber gerade in diesen ungeschönten Verhältnissen enthüllt sich die durchschlagende Kraft der Feier. In der „Arche" scheinen die Menschen zu sagen: „Ja, das Leben ist schwer, sehr schwer, tagein tagaus, voller Schmerz, Enttäuschung und Betrügnis; aber kein einziger Tag soll ohne Preis und Dank gegen den Spender alles Lebens bleiben. Es gibt keine Stunde, in der das Licht nicht in der Finsternis leuchtet, es gibt kein Sterben, das nicht Frucht bringen könnte."

Jeden Abend, wenn die Hausgemeinschaft der „Arche" sich um eine Kerze und eine Jesus- oder Marien-Ikone versammelt, wird gesungen, aus der Heiligen Schrift vorgelesen und gebetet. Oft fließt viel Betrübnis in diese Stunde ein: die Traurigkeit von Maurice, der auf den erhofften Besuch vergeblich wartete, hat, der Kummer von Marie, deren Mutter noch krank ist, die Qual von Pierre, der sich weigert, sein Zimmer zu verlassen. Auch Freude kommt zum

Ausdruck, über das gute Essen, den neuen Betreuer, das neue Bild, den freundlichen Besucher, die frischen Blumen. So reichen diese abendlichen Gebete des Dankes, der Bitte und des Lobes weit über die Unterscheidung von Fröhlichkeit und Trauer hinaus zu jener unaussprechlichen Freude, die die Welt weder geben noch nehmen kann.

Auf den Tischen stehen immer Blumen und oft auch Kerzen oder Servietten mit bestimmten Namen. Zuerst hielt ich das für Versuche, die öde Eintönigkeit der Wochen und Monate aufzulockern. Bald aber merkte ich, daß hier, wo Menschen so offenkundig krank und heilungsbedürftig sind, kein Tag ohne den Schimmer einer neuen Hoffnung vergeht, ohne den Klang einer Stimme, die von Liebe spricht, oder ohne das Gefühl, daß irgendwo bei uns ein Platz ist, an dem man sich vertrauensvoll bergen kann. Entweder hat Brad Geburtstag oder es ist das Fest des heiligen Franziskus, entweder geht Alain fort oder Emile kommt zurück, entweder beginnt die Adventszeit oder die Fastenzeit ist zu Ende, entweder hat Sylvia ihre Mutter verloren oder Gerard ein Schwesterchen bekommen; ja, entweder der Herr stirbt am Kreuz oder er ersteht von den Toten – alles wird gerühmt und gefeiert in einem unaufhörlichen Lobgesang der Freude, einer Freude über das Leben, das weder Krankheit noch Tod zerstören können.

Die Feier ist nicht einfach eine Möglichkeit, daß Menschen sich für eine Weile wohl fühlen: es ist die Lebensform, in der der Glaube an den Gott des Lebens sich ganz verwirklicht, durch Lachen und Weinen hindurch. Die Feier reicht also über Ritual, Brauchtum und Tradition hinaus. Es ist die dauernde

Bestätigung, daß unterhalb aller Hochs und Tiefs des täglichen Lebens ein nie versiegender Strom der Freude fließt. Die behinderten Männer und Frauen der „Arche" werden meine Lehrmeister im wichtigsten aller Lernprozesse, nämlich in dem über das Leben im Hause Gottes. Ihre Freude führt mich über die furchtbare Stätte des Todes hinweg und öffnet mir die Augen für die hinreißende Kraft alles Lebens. Freude bereitet den fruchtbaren Ackerboden, aus dem stets neues Leben hervorsprießen kann. Diese Freude läßt sich nicht auf ein einziges Gefühl, eine bestimmte Emotion beschränken, nicht in einem feststehenden Ritual, einem Brauch ausdrükken, sie ist immer weitaus mehr, als wir erwarten, ist immer überraschend, und darum ist sie stets ein Zeichen dafür, daß wir uns in der Gegenwart des Herrn über alles Leben befinden.

Wir könnten versucht sein, das als Wunschdenken und Glücksträume abzutun. Wer aber die Freude gekostet hat, von der ich spreche, der weiß, wie konkret sie ist. Und wer Menschen, die von dieser Freude tatsächlich erfüllt sind, begegnet ist, der zweifelt nicht an ihrer Wirklichkeit.

Menschen voll wahrer Freude müssen nicht unbedingt Späße machen, lachen oder auch nur lächeln. Es sind nicht die Menschen mit einer optimistischen Lebensanschauung, die den Ernst des Daseins auf einen bestimmten Zeitpunkt oder ein Ereignis begrenzen und dadurch relativieren. Nein, Menschen, die von echter Freude erfüllt sind, sehen mit offenen Augen die harte Wirklichkeit der menschlichen Existenz und sind gleichwohl nicht ihre Gefangenen.

Sie machen sich keine Illusionen über die Mächte des Bösen, die umherschweifen und „suchen, wen sie verschlingen können" (1 Pe 5,8), aber sie wissen auch, daß der Tod keine endgültige Gewalt hat. Sie leiden mit den Leidenden, doch sie bleiben nicht beim Leiden stehen, sondern weisen darüber hinaus auf einen immerwährenden Frieden. Wenige Menschen haben Freude so überzeugend verkörpert wie die holländische Jüdin Etty Hillesum, die während der Nazi-Besetzung in Amsterdam lebte und 1942 nach Auschwitz deportiert wurde. Während der mörderischen Pogrome in Holland schreibt sie:

„Ich glaube das Elend und die Bedrängnisse, die ein Mensch erleiden kann, zu kennen und daran teilzuhaben, aber ich halte nicht daran fest, ich ziehe solche Augenblicke der Todesangst nicht in die Länge. Sie gehen durch mich hindurch, wie das Leben selbst, wie ein breiter, ewiger Strom, sie werden Teil dieses Stromes, und das Leben geht weiter. Und daraus ergibt sich, daß meine ganze Kraft erhalten bleibt, daß sie nicht verzehrt wird durch nutzlose Quälerei oder Auflehnung" (Das denkende Herz der Baracke. Die Tagebücher von Etty Hillesum 1941–1943, hrsg. und eingeleitet von J. G. Gaarlandt, Freiburg–Heidelberg 1983).

Wahre Freude ist jedenfalls nicht bloß eine Eigenschaft, die von einzelnen Personen ausstrahlt. Sie ist ebenso sehr, wenn nicht mehr noch, ein Geschenk an die Gemeinschaft der Glaubenden. „Wo zwei oder drei in meinem Namen versammelt sind, da bin ich mitten unter ihnen" (Matth 18,20). Diese Worte offenbaren, daß die ekstatische Freude im Haus der

Liebe die freudvolle Gegenwart Christi ist, die immer dann hervorbricht, wenn wir in und durch Christus in Gemeinschaft miteinander treten.

Während der letzten zehn Jahre habe ich erfahren, wie die Eucharistie tiefe, dauernde Gemeinschaft unter Menschen stiften kann.

Viele Jahre dachte ich, die Eucharistie sei vor allem der feierliche Ausdruck für eine schon bestehende Gemeinschaft. Das ist zwar richtig, aber meine neuere Erfahrung hat mir gezeigt, daß die Eucharistie ebenso sehr Gemeinschaft gründet, wie sie ihr Ausdruck ist.

Ich begann an zwei Universitäten die Eucharistie mit einem oder zwei Studenten zu feiern. Allmählich kamen mehr hinzu, Menschen, die sich nicht kannten und die sehr unterschiedliche Gedanken und Ansichten über religiöse Fragen hatten, Menschen, die sich durch Alter, Nationalität und Lebensstil sehr voneinander unterschieden. Die meisten von ihnen hätten sich niemals als Freunde oder Kameraden ausgesucht. Aber sie alle fühlten sich, oft aus ganz verschiedenen Gründen, zur täglichen Eucharistiefeier hingezogen, in der das Wort Gottes verkündet und der Leib und das Blut Christi miteinander geteilt wurden. Mit der Zeit fanden diese durchaus unterschiedlichen Menschen sich durch Wort und Sakrament in eine tiefe Gemeinschaft eingebunden. Sie entdeckten eine Zusammengehörigkeit, die sich nicht auf körperliche oder gefühlsmäßige Anziehungskraft, gesellschaftliche Gleichstellung oder gemeinsame Interessen gründete, sondern allein auf die Gegenwart des lebendigen Christus in ihrer Mitte. Das gemeinsame Schuldbekenntnis, der Empfang der Barmherzigkeit Gottes, das Hören auf das Wort der Heiligen Schrift, die Teilhabe am Mahl von Brot und Wein hatten sie zu einer neuen Gemeinschaft der Liebe zusammengeschlossen.

Sie alle fanden mit der Zeit gegenseitige Hilfe in ihren täglichen Mühen, viele wurden gute Freunde, und einige fanden sogar ihre Lebenspartner. Das waren die außerordentlichen Früchte der geistlichen Gemeinschaft. Ich sah darin die handgreifliche Erfüllung der Verheißung Jesu: „Wenn ich von der Erde erhöht bin, werde ich alle an mich ziehen" (Joh 12, 32).

Die Gemeinschaft ist der Ort, an dem Gott unser Leben mit seiner Freude erfüllt. Jedes Wort, das Jesus sagte, das sagte er, um seine eigene Freude mit uns zu teilen und auf diese Weise unsere Freude vollkommen zu machen (vgl. Joh 15, 11). Diese vollkommene Freude ist immer „die unsere", das heißt, sie ist Teil des gemeinsamen Lebens. Ekstase ist immer eine Bewegung zu einem Leben miteinander. Stagnierendes Leben trennt uns voreinander und macht uns zu isolierten Einzelwesen, die um ihr individuelles Überleben kämpfen. Ekstatisches Leben hingegen führt uns dorthin, wo wir das Leben „mitten unter uns" finden. Es läßt uns die Mauern unserer Vereinsamung durchbrechen und zum Volk Gottes werden, das die Freude des ewigen Lebens verkündet, das schon angebrochen ist. Es ist das erste Zeichen jenes Königreichs, das zu verheißen Jesus gekommen ist.

Aber es gibt noch mehr über Ekstase zu sagen. Ek-

stase hat ebenso wie Intimität und Fruchtbarkeit eine
weltumspannende Dimension. Diesen Gesichts-
punkt des ekstatischen Lebens möchte ich im folgenden erläutern.

Ekstase und eine neue internationale Lebensordnung

Während derselben Jahre, da ich Jean Vanier und
seine Gemeinschaften für Behinderte kennenlernte,
wurde mir auch mehr und mehr das globale Ausmaß
menschlichen Leidens bewußt. Ich wurde Zeuge der
unmenschlichen Armut in Bolivien und Peru, des zer-
mürbenden Kampfes in Nicaragua und der völker-
mordenden Gewalt in Guatemala. So wurde ich mit
den dämonischen Mächten konfrontiert, die nicht
nur die Beziehungen zwischen einzelnen Menschen,
sondern auch zwischen ganzen Völkern vergiften.

Ich erkannte bald: wenn der Begriff Ekstase nur
für Einzelne und kleine Gemeinschaften hilfreich ist,
kann er nicht die Grundlage einer wirklich zeitgemä-
ßen Spiritualität sein. Ein ekstatisches Leben, das die
„Mächte und Gewalten" ignoriert, die schöpferische
internationale Beziehungen zerstören, wird ein Leben der Verdrängung und der Illusion. Obwohl die
Gewalten des Bösen, die ganze Nationen und Völker
befallen, oft verborgen, komplex und nicht zu greifen sind, sind wir als Christen aufgerufen, sie im Namen des Gottes der Liebe zu entlarven und zu
vertreiben. Das ist der Grund, weshalb wir ständig
nach einer christlichen Spiritualität suchen müssen, die weltumspannend ist und nicht davor zurück-

schreckt, die finsteren Mächte, die am Werke sind, ins Bewußtsein aller Völker zu rücken.

Es ist nicht schwer, diese Mächte des Bösen am Werk zu sehen. Während in New York, Chicago, Paris, London und Amsterdam mächtige Bürohochhäuser aus dem Boden schießen, haben immer mehr Menschen kein Dach über dem Kopf oder nicht einmal eine Matratze zum Schlafen. Während Lebensmittel-Berge vernichtet werden, um das Preisgefüge nicht durcheinander zu bringen, sterben jährlich Millionen Menschen an Hunger. Während Billionen Dollar für komplizierte Waffensysteme zur nationalen Verteidigung ausgegeben werden, stellt man nur geringe Mittel für die Bedürfnisse der Obdachlosen, der Flüchtlinge, der Analphabeten, der Hungernden, der Alten, der Ungeborenen, der Behinderten, der chronisch Kranken, der Gefangenen und zahlloser anderer Menschen, die unter innerer Leere oder Überforderung leiden, zur Verfügung. Indes die Kluft zwischen Ohnmächtigen und Mächtigen, Armen und Reichen, Kranken und Gesunden immer tiefer wird, wird es auch für uns immer schwerer, einander als Brüder und Schwestern, als Kinder eines liebenden Gottes zu erkennen, der uns alle einlädt, im Haus der Liebe zu wohnen.

In Guatemala erfuhr ich von großen Gefängnisblocks in der Hauptstadt, wo Menschen Menschen Tag und Nacht nach den raffiniertesten Methoden foltern, die man sich denken kann. Tausende von guatemaltekischen Indianern werden gefoltert und getötet – der systematische Versuch, die Stimmen, die nach Gerechtigkeit und Frieden schreien, zum Schweigen zu bringen.

All das geschieht nicht einfach aufgrund der ver-
brecherischen Neigungen einiger Machthungriger.
Die Folterer selbst sind gleichfalls Opfer des Netz-
werks der Bosheit, das ihr Begreifen weit übersteigt.

Kürzlich hörte ich die Geschichte eines jungen
Indianers in Guatemala, der aus seiner Familie
herausgerissen und zu einem Soldaten der guatemaltekischen Armee „gemacht" worden war.
Er wurde aller menschlichen Würde beraubt, indem man ihn zwang, seine indianischen Stam-
mesgenossen zu foltern und zu töten, und ihm
drohte, im Falle der Weigerung habe er dasselbe
zu erleiden. Furcht ließ ihn zum Folterer und
Mörder werden.

Als man ihm schließlich gestattete, seine Familie
zu besuchen, verwehrte sein Vater ihm den Einlaß in
sein Elternhaus. Er sagte: „Du kannst deine Mutter
begrüßen, dann aber mußt du gehen, denn du
bringst den Tod mit." Dieser indianische Bauer
wurde von seinen eigenen Leuten abgewiesen. In
ihren Augen war er vom Dämon des Todes besessen.

Als Satan Jesus „die Reiche der Welt und all ihre Herrlichkeit" zeigte und sagte: „Dies alles will ich dir geben,
wenn du niederfällst und mich anbetest" (Matth 4, 9),
leugnete Jesus durchaus nicht Satans Macht über die
Welt. Und der Apostel Paulus zögert nicht zu sagen,
daß wir nicht „mit menschlichen Feinden, sondern mit
den Mächten, Gewalten und Heerscharen der Finsternis und den Geistern der Bosheit im Bereich des Un-
sichtbaren" kämpfen (Eph 6, 12). Die dämonische

Gewalt des Todes hält die Welt in ihren Klauen. Der „Fürst dieser Welt" (Joh 12,31) ist am Werke.

Hier wird die globale Dimension der Ekstase sichtbar. Ekstatisches Leben schließt die ständige Bereitschaft ein, den sicheren, behüteten, vertrauten Lebensraum zu verlassen und sich anderen zuzuwenden, selbst wenn das bedeutet, die eigene Sicherheit aufs Spiel zu setzen. Auf der internationalen Bühne fordert das eine Außenpolitik die weit über die Frage hinausgeht: „Wie kann unsere Nation überleben?" Es müßte eine Politik sein, die sich vornehmlich dem Überleben der Menschheit widmet und bereit ist, nationale Opfer zu bringen. Es müßte eine Politik sein, die zur Kenntnis nimmt, daß die Vergötzung der nationalen Sicherheit die gesamte Menschheit in Gefahr bringt. Es müßte eine Politik sein, für die Mensch sein wichtiger ist als Amerikaner, Russe, Cubaner, Nicaraguaner oder Mexikaner sein. Kurz, es müßte eine Politik sein, die danach trachtet, die Völker von ihrer Furcht voreinander zu befreien und Wege zu erschließen, unser gemeinsames Menschsein zu würdigen.

Ekstase strebt beständig nach neuer Freiheit. Solange nationale Sicherheit unser Hauptanliegen und nationales Überleben wichtiger als die Bewahrung des Lebens auf diesem Planeten ist, leben wir weiterhin im Haus der Angst. Letzten Endes müssen wir wählen zwischen Sicherheit – persönlicher, sozialer und nationaler – und Freiheit.

Freiheit ist das eigentliche Ziel der Menschen. Leben ist nur dann echt und aufrichtig, wenn es frei ist. Ein besessenes Sicherheitsbedürfnis läßt uns geradezu gefrieren: es führt zur Erstarrung, Verkrampfung und möglicherweise zum Tod. Je mehr der Gedanke an nationale Sicherheit von uns Besitz ergreift, um so deutlicher tritt die Macht des Todes zutage – dann haben wir nämlich entweder eine Pistole auf dem Nachttisch, ein Gewehr im Haus oder ein Trident-Unterseeboot im Hafen liegen.

Die folgende Parabel schrieb ich, um die verheerenden Auswirkungen einer besessenen Sorge um Sicherheit anschaulich zu machen.

Es war einmal ein Volk, das die Ressourcen der Erde musterte und sagte: „Wie können wir sicher sein, daß wir in Notzeiten genug haben? Wir wollen überleben, was auch immer geschehen mag. Wir wollen uns daran machen, Nahrungsmittel, Rohstoffe und Kenntnisse zu speichern, damit wir im Fall einer Krise sicher und wohl ausgestattet sind."

Sie machten sich also ans Horten, so viel und so gierig, daß andere Völker protestierten und sagten: „Ihr habt viel mehr, als ihr braucht, während wir nicht einmal genug zum Leben haben. Laßt uns an eurem Wohlstand teilhaben!" Aber die ängstlichen Hamsterer sagten: „Nur ja nicht! Wir brauchen das für den Notfall, wenn die Verhältnisse sich auch für uns ungünstig entwickeln sollten, wenn unser Leben vielleicht bedroht ist."

Die andern erwiderten: „Wir sterben *jetzt*, gebt uns bitte Nahrungsmittel und Rohstoffe und Wissen, damit wir überleben können. Wir können nicht länger warten ... wir brauchen es jetzt!"

Da bekamen die ängstlichen Hamsterer noch mehr Angst, da sie fürchteten, die Armen und Hungernden könnten sie angreifen. Sie sagten zueinander: „Wir wollen Mauern um unseren Reichtum errichten, so daß kein Fremder ihn uns wegnehmen kann." Und sie begannen so hohe Mauern zu bauen, daß sie nicht einmal mehr sehen konnten, ob draußen Feinde standen oder nicht! Als ihre Angst wuchs, redeten sie sich gegenseitig ein: „Unsere Feinde sind so zahlreich geworden, daß sie imstande sind, unsere Mauern niederzureißen. Unsere Bollwerke sind nicht massiv genug, um sie abzuwehren. Wir müssen Bomben auf den Mauern aufstellen, damit niemand wagt, uns nahezukommen." Doch anstatt sich nun hinter ihren waffenbestückten Schutzwällen sicher und geschützt zu fühlen, fanden sie sich in dem Gefängnis eingesperrt, das sie selbst aus lauter Angst errichtet hatten. Sie bekamen sogar Furcht vor ihren eigenen Bomben und fragten sich, ob sie sich selbst möglicherweise mehr schaden könnten als ihren Gegnern. Und allmählich begriffen sie, daß ihre Angst vor dem Tod sie nur noch dichter in seine Nähe gerückt hatte.

Da die Werkzeuge des Todes an Zahl, Kompliziertheit und Reichweite eskalieren und es uns ermöglichen, das Menschengeschlecht innerhalb weniger Tage auszulöschen, versteifen wir uns weiterhin darauf, nationale Grenzen, nationalen Stolz und nationale Ehre zu verteigen. Wir übersehen, daß die Methoden, die wir zur Verteidigung gewählt haben, uns selbst ebenso gefährden wie unsere Gegner. Niemals haben Nationen so viel Geld verbraucht, um sich vor ihren Nachbarn nah und fern zu schützen, und niemals sind wir der Vernichtung der Menschheit so nahe gekommen.

Es besteht ein dringendes Bedürfnis nach einer Spiritualität, die sich gegen diese Art von Götzendienst wendet und den Weg zu neuer Ekstase öffnet. Wir müssen eine Möglichkeit finden, unsere nationale Sicherheitsbesessenheit zu überwinden, um weiterzukommen und Leben für alle Menschen zu ermöglichen, gleich welcher Nation, Rasse oder Religion sie angehören.

Wir müssen darum eine weltweite Spiritualität entwickeln, in der die Forderungen des Evangeliums nicht nur das Verhalten des einzelnen, sondern ebenso das der Völker bestimmen. Sie nehmen die Lehren Jesu gern für ihr persönliches und privates Leben an, aber sobald es zu internationalen Spannungen kommt, halten sie eben diese Lehren für unrealistisch und utopisch. Jesus sandte die Apostel jedoch nicht aus, damit sie einzelne Menschen zu seinen Jüngern machten, sondern alle Völker, und um diese Völker zu lehren, seine Gebote zu halten (Mt 28, 19–20). Am Jüngsten Tag wird Jesus diese Völker vor seinen Thron rufen und die entscheidende Frage stellen: „Was habt ihr für meine geringsten Brüder und Schwestern getan?" (Mt 25, 31–46). Jüngerschaft geht weit über persönliche Frömmigkeit und Gemeindetreue hinaus. Die ganze Erde muß bekehrt werden! Ganze Völker, nicht nur Einzelmenschen sind aufgerufen, das Haus der Angst zu verlassen, in dem Mißtrauen, Haß und Krieg herrschen, und in das Haus der Liebe einzukehren, in dem Versöhnung, Heil und Frieden regieren.

Die großen geistlichen Lehrer von Benedikt von Nursia über Katharina von Siena bis zu Martin Luther King jr. und Thomas Merton haben alle diese

Wahrheit begriffen: die Kraft des erneuernden Wortes Gottes darf nicht in den gesicherten Grenzen des persönlichen oder zwischenmenschlichen Bereichs eingeschlossen werden. Sie rufen nach einem neuen Jerusalem, einer neuen Erde, einer neuen Gemeinschaft aller Menschen auf der Welt.

Der Umzug aus dem Haus der Angst in das Haus der Liebe ist eine Notwendigkeit für das Überleben der Menschheit geworden. Wenn wir weiterhin unsere zahlreichen Ängste – die Angst vor den Russen, vor dem Kommunismus und Atheismus, die Befürchtung, nicht mehr die stärkste und reichste Nation der Erde zu sein, und viele kleinere Besorgnisse – als Alibi brauchen, um den Aufwand an Zeit, Geld und Energie zu rechtfertigen, um noch mehr verheerende Waffen herzustellen, dann hat unser Planet nur geringe Aussicht, sich ins nächste Jahrhundert hinüberzuretten. Wir *müssen* von Todeswünschen und Todesdrohungen ablassen und als Völker insgesamt nach Wegen der internationalen Versöhnung, Zusammenarbeit und Fürsorge suchen. Wir brauchen in der Tat Friedensakademien, Friedensministerien und Kräfte, die den Frieden zuverlässig sichern. Wir brauchen eine Erziehungsreform, eine Kirchenreform und sogar eine Reform der Unterhaltung, die Frieden zu ihrem Hauptanliegen macht. Wir brauchen eine neue Wirtschaftsordnung jenseits von Sozialismus und Kapitalismus, die sich Gerechtigkeit für alle zum Ziel setzt. Vor allem aber müssen wir als Völker daran glauben, daß eine neue internationale Lebensordnung möglich ist und daß Rivalitäten zwischen Ländern und Machtblöcken ebenso überholt sind wie die mittelalterlichen Streitigkeiten zwischen

Städten. Das ist es, was „weltumspannende Ekstase"
im Grunde bedeutet. Es ist der Übergang von Angst
zu Liebe, vom Tod zum Leben, von Absterben zu
Neugeburt, von rivalisierenden Lebensformen zu einem Leben von Menschen, die alle einer einzigen so-
lidarischen Gemeinschaft angehören.

So zu sprechen heißt, wunderbare Träume hegen.
Es ist wie die Komposition einer neuen Symphonie,
die – einmal geschaffen – ganz vertraut klingt. Die
Fünfte Symphonie von Beethoven hört sich heute so
an, als hätte es sie schon immer gegeben. Sie ist uns
heutzutage so vertraut, daß wir uns kaum vorstellen
können, daß es einmal eine Zeit ohne sie gegeben hat
und daß jeder Satz Note für Note von einem Menschen konzipiert werden mußte. Sie stand nicht in den
Sternen geschrieben, sie mußte von einem Menschen
geschaffen werden. Ebenso müssen für die Völker der
Erde neue Wege gefunden werden, um ihre Einheit zu
einer weltweiten Feier zu erheben und den Schöpfer in
begeisterten Freudenhymnen zu preisen.

Die meisten Menschen zweifeln daran, daß ein
solcher Frieden möglich ist. Sie halten an alten Denk-
gewohnheiten fest und ziehen die vermeintliche Sicherheit der Kriegsrüstung der Unsicherheit vor, die
das Wagnis des Friedens mit sich bringt. Die wenigen
aber, die das neue Lied des Friedens anzustimmen
wagen, das sind für unsere Zeit die neuen heiligen
Franz von Assisis. Sie vermitteln die Ahnung einer
neuen Lebensordnung, die aus den Ruinen der alten
hervorgeht. Die Welt wartet auf neue Heilige, ekstatische Männer und Frauen, die so fest in der Liebe Gottes verwurzelt sind, daß sie die Freiheit besitzen, ein
neues Lebensgesetz der Völker ins Auge zu fassen,

unter dem Gerechtigkeit herrscht und Krieg nicht mehr der nächstliegende Weg ist, Konflikte zwischen Nationen zu lösen.

Hier und da erkennen wir einen Schimmer dieser Vision. Als Jean Vanier vor zwanzig Jahren zwei Behinderte in sein Haus aufnahm, tat er etwas, was viele als Zeitverschwendung und Vergeudung seines Talents ansahen. Für ihn jedoch war es der konkrete Weg von der Angst zur Liebe. Er war überzeugt, daß er Jesus nachfolgte, indem er die Gebrochenen, Zerstörten zu seiner Familie wählte. Unnütz, sentimental, naiv? Wäre es nicht besser für ihn gewesen, seine Kraft und seine Begabung den brennenden Aufgaben unserer Zeit zu widmen? Er tat einfach das, wozu er sich berufen fühlte, aber heute, zwanzig Jahre später, arbeiten junge Männer und Frauen aus der ganzen Welt in vielen Heimen zusammen, um Behinderte zu betreuen. Die „Arche" ist gewiß weder eine neue Lebensform der Völker noch bedeutet sie das Ende von Krieg und Gewalt noch eine neue Außenpolitik. Aber sie ist ein Licht, „das man auf einen Leuchter stellt, damit es allen leuchte, die im Hause sind" (Mt 5, 16). Jean Vanier will das Licht der „Arche" nicht unter einen Scheffel stellen. Er schreibt:

Wir wollen keine netten, kleinen, gemütlichen Gemeinschaften haben, die von der Welt draußen abgeschnitten sind. Die „Arche" nimmt teil am Kampf für Gerechtigkeit: sie erklärt sich solidarisch mit den Armen und Unterdrückten auf der ganzen Erde: sie will um Frieden ringen. Aber ihre Art und Weise, das zu tun, unterscheidet sich von den großen politischen und sozialen Maßnahmen.

Unser Kampf ist seinem Wesen nach ein Kampf für das Leben. Wir möchten betonen, daß das Leben jedes einzelnen Menschen wertvoll ist, vor allem wenn dieser Mensch sehr arm, in seinen Möglichkeiten sehr eingeschränkt ist: wir wollen diese Aussage nicht durch große Reden und augenfällige Aktionen unterstreichen. Wir können uns nicht in die großen politischen Auseinandersetzungen einmischen oder unsere Kräfte in weltweite Aktivitäten einbringen, weil Innocente in Bouake, Vincent in Quebec, Françoise in Haiti und viele, viele andere unsere ständige Anwesenheit erfordern. Wir müssen uns jeden Augenblick ganz einsetzen, damit ein jeder die Sicherheit und die menschliche Nähe an seiner Seite findet, die notwendig ist, um ihm zu helfen, daß er wirklich zu leben und zu gedeihen *wünscht*.

Gleichzeitig aber müssen wir all diese Bewegungen unterstützen, die für Gerechtigkeit kämpfen. Manchmal sind wir nur imstande, ihnen beherzt und ermutigend zur Seite zu stehen, zu einer anderen Zeit wiederum können wir wirksame Hilfe leisten. Wir wollen darum beten, daß jedes Glied unserer Gemeinschaft solidarisch mit den Leidenden ist und zu einer Stätte der Hoffnung in einer Welt der Trennung und der Verzweiflung wird (vgl. Letters of l'Arche, September 1985, S. 1).

Die „Arche" gemahnt uns daran, daß eine weltweite Bewegung der Fürsorge für die Armen und Unterdrückten ein neues Bewußtsein wecken kann, das die Grenzen von Geschlecht, Religion, Rasse und Nationalität überschreitet. Ein solches Bewußtsein kann eine Welt-Gemeinschaft entstehen lassen, eine Gemeinschaft, in der wir unsere menschliche Zusammengehörigkeit feiern, einen Jubelgesang zum Lob des liebenden Gottes anstimmen und den endgültigen Sieg des Lebens über den Tod verkünden dürfen.

Zusammenfassung

Damit kommen wir ans Ende unserer Betrachtungen über Ekstase als das dritte Kennzeichen des Lebens im Haus der Liebe. Der Begriff „Ekstase" hat uns erkennen lassen, wie wesentlich die Freude für eine echte christliche Spiritualität ist. Freude ist etwas völlig anderes als Vergnügen, denn sie ist nicht von den „Hochs" und „Tiefs" unseres Daseins abhängig. Sie ist die ständige Abwendung von den eisigen Stätten des Todes und die Hinwendung zum Hause Gottes, in dem das überströmende Leben in seiner Fülle verkostet und gefeiert wird.

Ekstase hat ebenso wie Intimität und Fruchtbarkeit eine globale Dimension. In einer Welt am Rande der Selbstzerstörung fordert Ekstase eine neue internationale Lebensordnung, die die Völker ihre unterschiedlichen Eigenarten nicht als einen Grund für Kriege ansehen läßt, sondern als ihren je einzigartigen Beitrag zur Feier und Würdigung der alle verbindenden Menschheitsfamilie. Nur wenn wir an der allgemeinen und der individuellen Bedeutung des ekstatischen Lebens im Haus der Liebe festhalten, bezeugen wir wirklich die Gegenwart Christi, der gekommen ist, um *alles* zu erneuern.

Schluß:
Zeichen des Lebens

Während ich dieses Buch über die Zeichen des Lebens im Hause Gottes nun abschließe, wird mir
mehr und mehr bewußt, daß wir es noch nicht wirklich zu unserer Heimstatt gemacht haben. Briefe aus
Honduras und Guatemala sprechen von der wach-
senden Gefahr eines regionalen Krieges in Mittelamerika, in einem Brief aus Nordirland heißt es: „Die
Probleme sind um vieles schlimmer geworden", das
Fernsehen zeigt uns schwere Kämpfe in Afghani-
stan, Hunger in Afrika, Armut in Lateinamerika und
Gewalt im Mittleren Osten. Die Zeitungen sind voll
von Berichten über die Entführung des italienischen
Kreuzers „Achille Lauro" und das Abfangen der Ent-
führer durch Düsenjäger der amerikanischen Flotte.
Artikel über das Treffen von Gorbatschow und Rea-
gan äußern tiefen Pessimismus im Hinblick auf einen Stop des Wettrüstens. Wann und wo ich auch
aufmerksam hinhöre – ich vernehme nur Stimmen
der Angst um die Zukunft der Erde.

Im engeren Kreis von Familie, Gemeinschaft,
Stadt und Gemeindeverwaltung stehen die Dinge
keineswegs besser. Zahllose Familien leiden unter
der Trennung der Eltern und der Verunsicherung
der Kinder, viele geistliche Gemeinschaften haben
nicht nur zahlreiche Mitglieder, sondern auch viel
von ihrer Vitalität verloren, und in vielen Städten

wagen sich die Menschen nachts nicht mehr allein auf die Straße. In Städten wie Boston, New York, Paris und London kämpfen sogar Angehörige des Mittelstandes, die keine Arbeit finden können, um Geld und Lebensunterhalt. Und die Armen leben natürlich immer und überall in ständiger Bedrängnis.

Im Blick auf die Jugend der achtziger Jahre schreibt Jean Vanier: „Sie fühlen sich ohnmächtig angesichts der ungeheuren Mächte, die die Welt beherrschen. Vor zwanzig Jahren glaubten die jungen Leute, sie könnten alles schaffen, und heute sind sie überzeugt, daß es unmöglich ist, überhaupt irgend etwas zu erreichen" („Jeunes d'Aujourd'hui – un pressant appel à l'Eglise" in: Vie Consacreé, September 1985, S. 283).

Überall ist die Angst zu erkennen, die die Welt in ihren Fängen hält. Ungeborgenheit, als Folge von Flucht oder Anklammerung, Unfruchtbarkeit, die sich als Sterilität oder als hektische Produktivität äußert, und erstarrtes Leben, als Routine oder Entwurzelung, – dies alles dürfte unsere Zweifel über die Macht der Angst beseitigen.

Dennoch handelt dieses Buch nicht so sehr von der Angst wie von der Liebe, nicht so sehr von Ungeborgenheit, Unfruchtbarkeit und erstarrtem Leben wie von Intimität, Fruchtbarkeit und Ekstase. Ich möchte diese Signale des Lebens klar hervorheben. Dieses Buch wurde geschrieben, um ein Zuhause zu beschreiben, nicht für irgendwann später – wenn die Bomben gefallen und alle Menschen getötet sind, sondern für jetzt, da wir unser angsterfülltes Leben Tag für Tag leben.

Während ich dieses Buch in der „Arche", der Heimstätte für Behinderte in Frankreich, schrieb, gewann ich mehr denn je die Überzeugung, daß das Leben aus dem Geist – ein Leben im Hause Gottes – nicht für ferne Räume und Zeiten bereitet ist, sondern für jetzt und hier. Nur so kann es auch eine Verheißung für die Zukunft enthalten. Jeden Tag, wenn ich das Brot und den Kelch in meinen Händen halte, bete ich: „Guter Vater, in der Bereitschaft, deinen Sohn bei seiner Wiederkunft zu empfangen, bringen wir dir dieses lebendige Opfer seines Leibes und Blutes dar." Die Gegenwart Jesu unter uns, wirklich und greifbar, ist es, die uns Hoffnung gibt. Der Genuß dieser Gaben weckt die Sehnsucht nach dem himmlischen Gastmahl: wenn wir hier ein Zuhause finden, tragen wir Verlangen nach des Vaters Haus mit seinen vielen Wohnungen.

Wer könnte uns besser als die geistig schwer Behinderten diesen befreienden Glauben lehren? Sie lesen keine Zeitung, sehen kein Fernsehen und erörtern nicht die Möglichkeiten einer künftigen Katastrophe. Sie haben keine Zukunftschancen. Statt dessen sagen sie: „Füttere mich, zieh mich an, berühre mich, halt mich fest ... küsse mich, sprich mit mir. Es ist gut, daß wir hier beieinander sind." Geistig Behinderte verkünden durch ihr ganzes Dasein, daß Jesus wirklich unter uns weilt und daß wir schon eine Heimat haben, obwohl wir noch unterwegs sind.

Indem ich dies schreibe, wird mir erneut die tiefe Symbolik des Bildes bewußt, nach dem Jean Vanier seine Gemeinschaft nannte: die Arche. Sie bedeutet Sicherheit inmitten hoher Wogen, Schutz im strömenden Regen, Orientierung in tosenden Stürmen. Sie bedeutet ein liebevolles Zuhause mitten auf dem furchterregenden Meer.

Hier ist kein Platz für Sentimentalität. Die Behinderten in der Arche sind keine schlichten, fröhlichen, friedlichen Menschen, die ihre angsteinflößende Umgebung völlig vergessen. Sie tragen die Bedrängnisse und Ängste der Welt tief in ihrem Herzen. Ihre Erfahrungen von Zurückweisung, Aussonderung und Isolation haben sie für ihr ganzes Leben geprägt. Es ist unmöglich, längere Zeit mit ihnen zusammenzuleben, ohne zutiefst durch das Ausmaß ihres inneren Leidens angerührt zu sein und an das eigene erinnert zu werden. Die Arche ist ein Haus, das auf den Wogen unserer Zeit hin und her schwankt. Niemand darin ist ganz ohne Angst.

Aber Jesus ist mit in der Arche – schlafend! Er ist uns nahe. Immer wenn die Furcht uns zu überwältigen droht und wir ihn ängstlich wecken und rufen: „Rette uns, Herr, wir gehen zugrunde!", antwortet er: „Warum fürchtet ihr euch, ihr Kleingläubigen?" Dann schilt er Sturm und Meer und bringt alles wieder zur Ruhe (vgl. Mt 8, 23–27). Die Arche ist unser Zuhause, und Jesus hat sie zu seinem eigenen gemacht. Er fährt mit uns und beruhigt uns immer, wenn uns Panik erfaßt oder wir versucht sind, andere oder uns selbst zu zerstören. Und indem er mit uns fährt, belehrt er uns über das Leben im Haus der Liebe. Es ist keineswegs leicht, seine Lehren zu begreifen, weil wir auf die hohen Wellen, den heftigen Sturm und die tosende Brandung starren. Wir wiederholen: „Ja, gewiß ... aber sieh doch!"

Jesus ist ein überaus geduldiger Lehrer. Er hört nie auf, uns darüber zu belehren, wo unser wirkliches Zuhause ist, wohin wir unsere Blicke richten und wie wir leben sollen. Wenn wir in Verwirrung geraten, sehen wir nur die Gefahren und vergessen, was wir gehört haben. Aber Jesus sagt immer und immer wieder: „Bleibt in mir, dann bleibe ich in euch. Wer in mir bleibt und in wem ich bleibe, trägt viele Frucht ... Ich habe euch dies gesagt, damit meine Freude in euch sei und eure Freude vollkommen werde" (Joh 15, 4–5; 11). So lädt Jesus uns zu einem intimen, fruchtbaren und ekstatischen Leben in seinem Hause ein, das auch das unsere ist.

Schlußgebet

Ich möchte dieses Buch mit einem Gebet beschließen. Es stammt von Etty Hillesum, der holländischen Jüdin, die ich an früherer Stelle erwähnt habe. Sie schrieb es als „Sonntagmorgengebet" auf dem Höhepunkt der Judenverfolgung in Holland durch die Nationalsozialisten. In diesem Gebet drückt sie das zentrale Thema dieses Buches eindringlicher und bewegender aus, als ich es je vermöchte.

„Es sind schlimme Zeiten, mein Gott. Heute nacht geschah es zum erstenmal, daß ich mit brennenden Augen schlaflos im Dunkeln lag und viele Bilder menschlichen Leides an mir vorbeizogen. Ich verspreche dir etwas, Gott, nur eine Kleinigkeit: ich will meine Sorgen um die Zukunft nicht als beschwerende Gewichte an den jeweiligen Tag hängen, aber dazu braucht man eine gewisse Übung. Jeder Tag ist für sich selbst genug. Ich will dir helfen, Gott, daß du mich nicht verläßt, aber ich kann mich von vornherein für nichts verbürgen. Nur dies eine wird mir immer deutlicher: daß du uns nicht helfen kannst, sondern daß wir dir helfen müssen, und dadurch helfen wir uns letzten Endes selbst. Es ist das einzige, auf das es ankommt: ein Stück von dir in uns selbst zu retten, Gott. Und vielleicht können wir mithelfen, dich in den gequälten Herzen der anderen Menschen auferstehen zu lassen. Ja, mein Gott, an den Umständen scheinst auch du nicht viel ändern zu können, sie gehören nun mal zu diesem Leben. Ich fordere keine Rechenschaft von dir, du wirst uns später zur Rechenschaft ziehen. Und mit fast jedem Herzschlag wird mir klarer, daß du uns nicht helfen kannst, sondern daß wir dir helfen müssen und deinen Wohnsitz in unserem Inneren bis zum Letzten verteidigen müssen. Es gibt Leute, es gibt sie tatsächlich, die im letzten Augenblick ihre Staubsauger und ihr silbernes Besteck in Sicherheit bringen, statt dich zu bewahren, mein Gott. Und es gibt Menschen, die nur ihren Körper retten wollen, der ja doch nichts anderes mehr ist als eine Behausung für tausend Ängste und Verbitterung. Und sie sagen: Mich sollen sie nicht in ihre Klauen bekommen. Und sie vergessen, daß man in niemandes Klauen ist, wenn man in deinen Armen ist. Ich werde allmählich wieder ruhiger, mein Gott, durch dieses Gespräch mit dir. Ich werde in der nächsten Zukunft noch sehr viele Gespräche mit dir führen und dich auf diese Weise hindern, mich zu verlassen. Du wirst wohl auch karge Zeiten in mir erleben, mein Gott, in denen mein Glaube dich nicht so kräftig nährt, aber glaube mir, ich werde weiter für dich wirken und dir treu bleiben und dich nicht aus meinem Inneren verjagen.

Für große, heroische Leiden fühle ich genügend Kraft in mir, mein Gott, ich fürchte vielmehr die tausend kleinen täglichen Sorgen, die einen manchmal wie beißendes Ungeziefer befallen. Nun gut, dann kratze ich mich eben ein wenig in meiner Verzweiflung und sage jeden Tag aufs neue zu mir selbst: Für den heutigen Tag ist noch gesorgt, die schützenden Wände eines gastfreien Hauses umgeben dich noch wie ein oft getragenes, vertrautes Kleidungsstück, für heute hast du noch genug zu essen und dein Bett mit den weißen Laken und den warmen Decken erwartet dich zur Nacht, also solltest du heute keinen Funken deiner Kraft an kleinliche materielle Sorgen um dich selbst verschwenden. Nutze und genieße jede Minute dieses Tages, mache ihn zu einem fruchtbaren Tag, zu einem starken Stein in dem Fundament, auf das sich die armen und bangen Tage der Zukunft stützen können.

Der Jasmin hinter dem Haus ist jetzt ganz zerzaust vom Regen und den Stürmen der letzten Tage, die weißen Blüten treiben verstreut in den schmutzigen schwarzen Pfützen auf dem niedrigen Garagendach. Aber irgendwo in mir blüht der Jasmin unaufhörlich weiter, genauso überschwenglich und zart, wie er immer geblüht hat. Und sein Duft verbreitet sich um deinen Wohnsitz in meinem Inneren, mein Gott. Du siehst, ich sorge gut für dich. Ich bringe dir nicht nur meine Tränen und ängstlichen Vermutungen dar, ich bringe dir an diesem stürmischen, grauen Sonntagmorgen sogar duftenden Jasmin. Ich werde dir alle Blumen bringen, die ich auf meinem Weg finde, und das sind immerhin eine ganze Menge. Du sollst es so gut wie möglich bei mir haben. Um nur irgendein beliebiges Beispiel zu nennen: Wenn ich in einer engen Zelle eingeschlossen wäre und eine Wolke zöge am kleinen vergitterten Fenster vorbei, dann würde ich dir die Wolke darbringen, mein Gott, jedenfalls solange ich noch dazu die Kraft hätte. Ich kann mich von vornherein für nichts verbürgen, aber meine Absichten sind die besten, wie du wohl merkst.

Und jetzt überlasse ich mich diesem Tag. Ich werde

heute mit vielen Menschen zusammenkommen, und die vielen bösen Gerüchte und Bedrohungen werden mich bestürmen, wie feindliche Soldaten eine uneinnehmbare Festung."*

Ich hoffe inständig, daß Ettys Gebet auch mein Gebet wird und das Gebet all derer, die dieses Buch lesen. Dann werden alle unsere Leiden und alle unsere Freuden zu einem Lied des Lobes und Dankes gegen Gott werden, der in uns eine Wohnstatt gefunden hat.

---

* Das denkende Herz der Baracke. Die Tagebücher von Etty Hillesum. Herausgegeben und eingeleitet von J. G. Gaarlandt, Freiburg i. Br. – Heidelberg 1983, S. 159 f.

Nachwort

Dieses Buch wurde nicht in der Zurückgezogenheit geschrieben. Viele Menschen haben mir Ermutigung, Hilfe und Unterstützung gewährt. Ihnen allen möchte ich an dieser Stelle meinen aufrichtigen Dank aussprechen.

Mein erstes Wort des Dankes gilt Jean Vanier, der mir die wesentlichen Themen dieses Buches vermittelte, mich in die „Arche" einführte und mich zum Schreiben ermutigte. Ich bin ihm für seine Inspiration, seine Freundschaft und seine großzügige Unterstützung zutiefst verpflichtet.

Der größte Teil dieses Textes entstand während meiner Besuche in der Gemeinschaft der „Arche" in dem kleinen französischen Dorf Trosly-Breuil in der Nähe von Paris. Dort fand ich nicht nur die nötige Zeit und Bewegungsfreiheit, sondern auch das von Zuwendung und Gebet geprägte Milieu, das unerläßlich ist, wenn man über das Leben aus dem Geist schreiben will. Ein besonderes Dankeswort gilt Barbara Swanekamp, die mich fortwährend daran erinnerte, daß „Zeitverschwendung mit Gott und seinen Armen" wesentlich für das Schreiben über Spiritualität ist, und Simone Landrien, die mir dazu verhalf, die geheimnisvolle Gegenwart Gottes unter den „Geringen" auf vielfältige Weise sehen zu lernen. Ihre Freundschaft und ihr persönliches Interesse an mei-

ner Arbeit waren eine wichtige Quelle der Inspiration
für mich.

Ich widme dieses Buch Madame Pauline Vanier, der
Mutter Jean Vaniers. Ihre liebenswürdige Gast-
freundschaft, ihre herzliche Zuneigung zu den Behinderten und ihren Betreuern, ihr lebhaftes Interesse am Weltgeschehen, ihr fester Glaube an einen
liebenden Gott und ihre persönliche Freundschaft
und Unterstützung haben überaus deutlich die Signale des Lebens gezeigt, die ich in diesem Buch be-
schreibe.